新いつでもどこでも群読

企画・編集
日本群読教育の会
＋重水健介

高文研

◆――はじめに

群読は大勢で読む活動である。群読によって読み手同士の心理的な距離が縮まり、一体感が生まれる。読むことが苦手な子も、みんなで読む楽しさの中で声を出すようになる。

「大勢で声を合わせれば願いが叶う」という人々の言語観から発生していると、私はみている。かつて群読が「悪用」された時代があった。戦意高揚の国策に協力して、学校で国民詩の群読が盛んに行われたのである。そうした負の歴史を繰り返さない知恵と意思を持ち続けたいと思う。

日本群読教育の会では三つの目的を持って「声の文化　群読」の実践や研究に取り組んでいる。

1　全国の学校や地域に楽しい群読の輪を広げる。
2　協力性や創造性、自主性を育てる文化活動の一つとして、学校つくりや地域つくりに活用する。
3　日本語や外国語に特有の朗読法（デクラメーション）の技術を継承し、発展させる。

本書は上記の目的に沿う当会の活動を世に問うものとして、第一六回全国研究集会・群馬大会を記念して企画した。『いつでもどこでも群読』、『続いつでもどこでも群読』に続く三冊目の実践記録集である。

本書には、全国各地の会員によるすぐれた群読実践を収録した。「実践のねらい」「手順」「その後の変容」を、群読脚本とともに紹介した。すぐに使える良質の群読脚本集にもなったと自負している。

また編集委員が、各実践や脚本に評価やコメントをしている。参考にしていただければと思う。

本書を手に、明るく元気な声が響く学校や地域を創造していただきたいと、切に願っている。

日本群読教育の会・事務局長　**重水 健介**

❖――もくじ

3. 行事に取り組む

第2章　中学校で活用されている群読

第3章 高校、大学でも活用されている群読

第4章 地域で広がる群読の輪

装丁：商業デザインセンター・山田 由貴

◇基本的な群読の記号と技法の解説

〔1〕ソロ・アンサンブル・コーラス

ソロ　　　　＝一人で読む
アンサンブル＝少人数で読む（全体の6分の1）
コーラス　　＝コーラス（全体の6分の5）

※ソロは「一人が読む」ではなく、読み手が交替したり、順番に一人ずつ読んだりしてもよい。

〔2〕「＋」〈漸増〉

読み手がだんだん増える。「声のたしざん」と呼んでもよい。

a　　どこまでも　（aが読む）
＋b　どこまでも　（bが加わる。つまりaとbが読む）
＋c　空が続いている（cが加わる。つまりaとbとcが読む）

※読み手が増えるので、全体の声量も次第に大きくなれば成功である。
　次のような表記でもよい

　　a　どこまでも
　ab　どこまでも
abc　空が続いている

〔3〕「一」〈**漸減**〉　読み手がだんだん減る。「声のひきざん」と呼んでもよい。

abc　ゆきがふる　（aとbとcが読む）
―a　ゆきがふる　（aが減る。つまりbとcが読む）
―b　ゆきがふる　（bが減る。つまりcだけが読む）

※漸増とは逆に読み手が減るので、全体の声量が次第に小さくなるように読む。
次のような表記でもよい。小学校低学年にはこちらの方が適している。

abc　ゆきがふる
bc　ゆきがふる
c　ゆきがふる

〔4〕「┌」〈**追いかけ**〉　輪唱のように追いかけて読む

ab　ままままてと　おじいさん
a　┌ままままてと　おじいさん
b　└────ままままてと　おじいさん

※もとの文を提示した後、追いかける。追いかけは三重、四重までとする。
異なる文の追いかけもできる。

〔5〕「」〈**異文平行読み**〉　異なる文を同時に読む。

全員　かなたに感じ　かなたをめがけ　わき目もふらず
a　かなたに感じ　かなたに感じ　かなたに感じ
b　かなたをめがけ　かなたをめがけ　かなたをめがけ
c　わき目もふらず　わき目もふらず　わき目もふらず

※もとの文を提示した後、異文平行読みを始める。太字部分を特に大きい声で読むとそれぞれの語句が一回は明瞭に聞こえることになる。次の表のように読む。

a	b	c
かなたに感じ	かなたをめがけ	わき目もふらず
かなたに感じ	**かなたをめがけ**	わき目もふらず
かなたに感じ	かなたをめがけ	**わき目もふらず**

〔6〕「（／」〈**異文重層読み**〉　各自が自分の文で／まで重ねて追いかける

全員　上の雪　下の雪　中の雪
（a　下の雪
（b　中の雪
（c　上の雪／

※もとの文を提示した後、異文重層読みを始める。

次のように読むことになる。太字部分を大きい声で読むと、それぞれの語句が一回は明瞭に聞こえる。

a	b	c
下の雪		
下の雪	**中の雪**	
下の雪	中の雪	**上の雪**

〔7〕「」**〈バックグラウンド用法〉** 背景音（バックコーラス）をつけて読む。

（ソロ）	（バックコーラス）
祭りだ 祭りだ	わっしょい わっしょい
子どもの 祭りだ	わっしょい わっしょい
みんなでいっしょに	わっしょい わっしょい
楽しく やろうぜ	わっしょい わっしょい

※背景音は擬音やかけ声など意味を持たない言葉がよい。
なお、背景音は小さく、上の本文が聞こえるように読む。

〔8〕「←」**〈加速読み〉** 各行の読みを次第に速くしていく。

a　That worried the cat
b　← That killed the rat（aよりも速く読む）
c　← That ate the malt（bよりも速く読む）

d　← That lay in the house that Jack built（cよりも速く読む）

※一行目（a）をややゆっくり読むと、二行目以降が読みやすくなる。

〔9〕「§」〈乱れ読み〉　各自がばらばらに読む。

ソロ　あとから　あとから　出てくるわ　出てくるわ　出てくるわ
全員　§あとから　あとから　出てくるわ　出てくるわ　出てくるわ
ソロ　そんな丸ビル　ひるやすみ

※もとの文を提示した後、乱れ読みをする。
乱れ読みの後はソロにしておくと、次をスムーズに読み始めることができる。

〔10〕「┌＊」〈ヘテロフォニー〉　わずかにずれて読み始める

全員　私のお部屋の すみっこに
全員　なまけ忍者が かくれてる
a　┌なまけ忍者がかくれてる
b　│　＊なまけ忍者がかくれてる
c　└　　＊なまけ忍者がかくれてる

※2行目のようにもとの文を提示した後ヘテロフォニーで読む。

＊は自由なタイミングで読み始めてよいので、この技法はソロで読むときに限られる。

〔11〕「■」〈たたみかけ〉 前の読み手が読み終えないうちに、少し重ねて読み始める。

a　しっかり**しろ**

b　■人間の強さ**に**あれ

c　■人間の強さに生きろ

※bはaの太字部分の「**し**」から「人間の……」と読み始める。
cはbの太字部分の「**に**」から「人間の……」と読み始める。
と、このような感じでたたみかけて読む。

第1章　小学校で繰り広げられている群読

1．授業のなかで――■実践のポイント

◆◆群読を授業に生かすアイデア◆◆

※伏見　かおり

　群読はこれまで「国語科」の〝言語活動〟のひとつとして実践されてきました。しかし近年「各教科」で求められる〝言語活動の充実〟に向けた手立てとして、群読の可能性が広がっています。そこでこの節では、さまざまな教科や特別支援学級で、積極的に群読を授業に生かす実践のアイデアを紹介しています。

　藤原淳史さんは、六年生理科の授業びらきでユーモアのある脚本を用いて、子どもたちと活気あふれる出会いを演出しました。理科専科として子どもたちと出会う最初の授業で、クラスの雰囲気や児童の実態を把握しながら、明るさや連帯感が味わえるように配慮して行った実践は、たいへん示唆に富んでいます。

　澤野尚子さんは五年生の社会科で、新しい知識を定着させるミニ群読の活用を紹介しています。リズムとテンポで子どもの感覚（視・聴・触覚など）と感受性を開き、楽しく暗記できる喜びを子どもに味わわせられるように脚本を工夫しました。明確なねらいをもったていねいな取り組みが、短時間で確実な成果となった力強い実践です。

　細貝駿さんは一年生に群読の楽しさを味わわせるための工夫を紹介しています。一年生が親しみやすい詩を題材として選び、作品を声に出して読む活動を積み重ねました。子どもたちの意欲を高め、子どもたち自身がつくった脚本で群読を楽しめるようなスモールステップの手立ては、下学年の実践でたいへん参考になります。

　山中伸之さんは、四年生に図工の目標を意識させるために群読を用いました。子どもの思いや意欲をこめた言葉を子ども自身がつなぎ合わせた脚本は、オリジナリティと輝きにあふれています。群読を子どもが喜んで行い、生き生きと意欲的に図工に取り組む様子がうかがえる魅力的な取り組みです。

　塚田直樹さんは特別支援学級の歓迎会で行った実践です。迎える側の子どもと先生が心を込めてつくった群読の発表を聞き、新しく通級する子どもと保護者は、ぬくもりと安心感を受け取ったことでしょう。群読は言葉を通して思いを分かち合い、心の距離を近づける優れた言語活動といえるでしょう。

授業びらきを元気よく！
――教科と群読のコラボレーション

台北日本人学校　藤原　淳史

❁実践のねらい

六年生の理科専科としての授業びらきの日。子どもたちと教師の間には、緊張感があるものです。だからこそ、授業びらきに群読を取り入れ、みんなで声を出すことで、かたい雰囲気を明るくすることをねらいました。

また、そろえて読むことで連帯感を育てることや通常の教科授業とは違う活動を取り入れることで児童の実態を把握することもねらいとしました。

❁実践の手順と留意点

①教科書の文章を読ませて子どもたちの実態を把握

担任でないと、群読経験の把握ができず、例えば声を出すことが苦手な子どもがどの程度いるのかがつかみにくいものです。そこで、まず教師が教科書の文章を一文ずつ範読し、それをみんなで追いかけるように読ませる連れ読みをしました。声をそろえて読む経験がどの程度あるかを把握し、群読の時のゴールの姿を教師がイメージできるようにするためです。連れ読みの後は、子どもたちが声をそろえて文章を読んだ姿をほめ、雰囲気を明るくあたたかくするよう心がけました。

②群読脚本を共有

理科の授業でどんなことをするのか考えさせつつ、コンピュータで入力した脚本のひな型を、プロジェクターで投影しました。

脚本を模造紙等ではなく、デジタル化し提示する価値は、子どもたちの意見に合わせて、脚本をすぐに変更できることにあります。もちろん、限られた時間の中でテンポよく進めるために、脚本を教師主導で提示してもよいと思います。

③役割を決めて、群読に取り組む

ソロの部分の読み手を立候補で募り、事前に一度だけ練習をしました。その後、全員を画面の前に集め、群読に取り組みました。

この段階では、上手に読むということより、全員で声を出して明るく読むことが大切だと考え、テンポよく進め、楽しく終わるようにしました。

④行為の価値づけ

読んだ後は、「とても上手に読めました。声がそろうと、みんなの心もそろう感じがしますね。明るくまとまりのあるこのクラスで、一緒に勉強ができるかと思うとワクワクします」と、行為を十分に価値づけるようにしました。

❂この群読に取り組んで

台北日本人学校は、全校児童生徒約八百人、小中一貫の私立学校です。当時は小学部長を担当し、授業は主に六年生の理科となりました。はたして理科で群読ができるのだろうか。全員の声がそろうのだろうか。立候補する子はいるのだろうか。正直、実践前には多くの迷いが生じていました。

しかし、実践してみて本当に良かったとおもっています。ユーモアがあり教師も参加できる脚本により、子どもたちの表情がやわらかくなり、出会ったばかりのかたい雰囲気が明るくなったからです。また、全員の声がそろったことで連帯感が感じられるようにもなりました。

授業びらきの群読でソロに立候補した子は十人を超え、じゃんけんで決めました。群読という活動の視点で、高い意欲をもつ子の把握ができました。群読を通して、クラスの現段階での雰囲気を把握することもできました。

それだけでなく、みんなで声をそろえて読めたこと、ソロに立候補者が出たことなど、出会いの日に、子どもたちをほめる機会が増えました。

何より、みんなで大きな声を出すことで、集団としての活気が生まれました。そのため、元気よく授業を終わることができました。

授業びらきに群読を取り入れることで、子どもたちとの出会いをより明るく演出できました。また、みんなで声を出すことで心がそろい、連帯感が生まれてきました。

群読は学級づくりにも使えます。だからこそ専科の教師として、授業で取り入れる価値があると感じました。

✤理科の授業をがんばろう！

藤原　淳史　作・編

〈読み手〉ソロ1～6の六人
〈ノート〉ソロの六人は希望で決めていった。

1　今日から一年間の授業が始まった
2　去年の五年生に戻りたいなあ
全員　まいった　まいった
3　理科は得意じゃないし、むずかしそうだから勉強したくないなあ
全員　だめだ　だめだ
4　でも、先生の話を聞いて、少しだけ理科に興味がわいてきたぞ
全員　なるほど　なるほど
5　楽しそうな実験もいっぱいできそうだぞ
全員　やったぜ　やったぜ
6　今年は理科を大好きな教科にするぞ！
全員　すごいぞ　すごいぞ
先生　よし。どの子も伸びていくように、楽しくわかりやすく教えるからみんなで理科の授業を盛り上げていこう！
全員　そうだ　そうだ

1 2　みんなが　やる気を持って
3 4　みんなで　学び合って
5 6　みんなで　力を合わせて
1〜6　がんばるぞ！
全員　オー

高学年の社会科でミニ群読
——授業のまとめはリズムにのって！

岩手県　澤野　尚子

◎実践のねらい

小学校の高学年になると、覚えなければならないことがたくさんあります。楽しく体験的な学習を進めてきても、まとめの場面で「あれ？　忘れちゃった」「そんなこと勉強したっけか？」と言われてがっかり……。これは私の授業の反省です。ここでは、私が担任ではなく研究主任兼社会科専科で、四クラスの五年社会科を担当したときに子どもたちと共に短時間で行った楽しいミニ群読を紹介します。

例えば漁業の学習で、日本に関わりのある海流の名前が四つ出てきます。親潮、黒潮、リマン海流、対馬海流です。一時間で日本の漁業の特徴を学習した上で、海流名と、流れる方向や暖流寒流の区別も理解しなくてはなりません。

覚えることが不得意な子どもは、途中までは楽しくできてもまとめになると、「分からない」「覚えられない」という壁にぶつかってしまいます。みんなで協力して楽しく覚える方法がないかなと考え、「授業まとめをミニ群読でリズムにのって」と実践にチャレンジしてみました。

◎実践の手順と留意点

群読で楽しく暗唱できるようにするための必要な準備は、授業のまとめとして覚えるべきキーワードを、教師が前もってピックアップしておくことです。例えば北から南に向かって流れるのは親潮とリマン海流です。四拍子のリズムにのせると、「北から　流れる　寒流　親潮」「リマン海流　●　●（●＝一拍休みで、二拍の休み）」。北から流れるので当然寒流ですが、そこも丁寧に脚本に入れました。

ふたり読みの場合は、隣同士でお互い助け合える関係づくりをねらいとしました。日頃から支えあっているペアを手本にして、みんなに紹介してほめるというようにです。

授業のまとめでは、キーワードを提示してノートに記入をさせた後、暗唱です。各教室にリズム付きのキーボードがあればリズムも付けます。はじめはゆっくりと黒板を見ながら。次は向かい合って、なるべく黒板を見ないでペアで読み合い、お互いに簡単に評価をします。

　みんなが読めるようになったら、列の右側の子どもが「北から　流れる」と問いを出し、左側の列の子どもが「寒流　親潮」。その後二人同時に「リマン　海流」と唱えます。役割を交替し、次に「南から　流れる　暖流　黒潮」「対馬海流　●　●」に挑戦です。少しずつ速くしていきます。

「できたあ」という達成感もあり、また「言えないよ。そんな速く？」という中でも、読み合える相手がいると拍手喝采になります。慣れてくると子どもたちに文を考えさせました。また、漸増法や漸減法なども取り入れたりすると緊張感があって大受けでした。

　私の学校は各教室にリズムを出せるものがなかったので、机を太鼓がわりにしたり、足踏みやボディパーカッションでリズムを出しました。別の原因で教壇に穴が開いていたことがあり、そこで疑われたのは私でした……。

　こうして、みんなでいつの間にか何回も唱えているうちに覚えることが楽しくなってきた五年生の社会科でした。

❁この群読に取り組んで

「話したことがなかったとなりの男子とふたり読みのおかげで話せました」という女子。お互いの早口言葉完成に感動して拍手するペア。廊下で会うと「北から流れる？」と唱え始める子ども。「先生、テストのとき小声で唱えたら分かったよ」と教えてくれる子ども。「娘が帰宅してからも『北から流れる？』でしたっけ？　あれを唱えるんだよね」など保護者の反応も上々でした。

　こうした声を聞き、これは使える実践だなと思いました。課題は、予定時間内に授業を納めるのが厳しい内容なのに、まとめとして多くの時間をかけられない！　ということです。そこでは、例えば農業の学習で時間がないときには、稲作のコツを「よい土　日当たり　水管理」と座席の列（または班）ごとに三つに分けて、リレーのように順に読ませるという方法もいいのではないかと思います。

　授業内容の定着とともに、仲間のよさを認め合ったり助け合ったりすることによって、班づくりや学級づくりの一助となる群読、おすすめです。

✤社会のまとめをリズムにのせて

澤野　尚子　作・編

◆ペア＝ふたり読み編

〈読み手〉1と2のふたり読み

〈ノート〉ふたり読みは、二人で読んでもよいし、二つのグループで読んでもよい。
1をソロ、2を他の全員という読み方もできる。
「○　○」は手拍子などで教師が二拍のリズムを刻んでやる。
「●　●」は二拍の休符。

1	2
きたから　ながれる	○　○
○　○	かんりゅう　おやしお
リマン　かいりゅう	リマン　かいりゅう
●　●	●　●
みなみから　ながれる	○　○
○　○	だんりゅう　くろしお
つしま　かいりゅう	つしま　かいりゅう

◆全員で読む＝漸減編

〈読み手〉ソロ、アンサンブル（半数）、コーラス

〈ノート〉アンサンブルは全体の約六分の一の人数を座席の列等で割り振りしておく。

またはアンサンブルを全体の半数にしてもよい。ソロとアンサンブル以外はコーラスになる。

ソロ	アンサンブル	コーラス
きたから　ながれる	きたから　ながれる	きたから　ながれる
かんりゅう　おやしお	かんりゅう　おやしお	○　○
リマン　かいりゅう	○　○	○　○
●　●	●　●	●　●
みなみから　ながれる	みなみから　ながれる	みなみから　ながれる
だんりゅう　くろしお	だんりゅう　くろしお	○　○
つしま　かいりゅう	○　○	○　○

一年生に群読のおもしろさを！
――最初は子どもが好きな作品から

東京都　細貝　駿

❂実践のねらい

私は数年前に群読を知り、すぐに実践しましたが、子どもたちにその楽しさを十分伝えられないまま、終わってしまいました。

振り返って大きく三つの反省点がありました。

1、「地引き網」（西条八十）を取り上げたが、題材としてむずかしすぎた。一年生の発達段階に合う作品を選択すべきだった。

2、群読の前に教師と子どもとで原詩を斉読したが、はじめに教師が読み方を示し、その後子どもが教師と同じように読むといった、ていねいな教え方が必要だった。

3、子どもたちがのってこない様子に焦り、「楽しそうに！」などの注意が多くなった。大きな声で読めたことや、上手に分担して読めたことをほめるなどの、評価が必要だった。

それから二年が過ぎ、一年生を担任した際に、再度群読の楽しさを教えたいと、今回の実践に取り組みました。

❂実践の手順と留意点

まず、一年生が親しみやすそうな詩を集めた詩集を作成し、毎日の音読の宿題にしました。一週間でほとんどの子がその詩を暗唱できるようになり、群読脚本つくりにチャレンジにしました。

「大漁」を題材にした指導の流れを紹介します（①〜④、⑤⑥、⑦で各一時間、計三時間）。

①教師の範読。言葉に合わせて大げさに読む。

②連れ読み。一行ずつ教師が範読した後、同じように読ませる。これを数回くり返す。

③斉読。はじめは教師が大声で子どもといっしょに読みながら、数回斉読する。次第に教師の声を小さくし、子どもたちだけの斉読にする。

④感想を聞く。ここでは、子どもたちから「楽しそう」「お祭りのように明るく読めた」などの声が出た。

「では次の時間に、今の感想を詩の中に入れて自分だけの『大漁』を作ろう」と誘った。

⑤脚本例の提示。次の（　）のように見本を黒板に書き、「先生の脚本をお手本にして群読脚本を作ろう」と伝えた。なお、この脚本例を使って、「くり返す」「声のたしざん」の技法を教えた。

見本〈読み手〉1、2、3の3グループ

1　あさやけ　こやけだ　たいりょうだ

23　（たいりょうだ！）

1　おおばいわしの　たいりょうだ！

23　（たいりょうだ！）

1　はまは　まつりのようだけど

23　（ようだけど?）

1　うみのなかではなんまんの

12　（なんまんの！）

123　（なんまんの！）

123　いわしのとむらいするだろう！〈大きく〉

⑥群読脚本つくり。「大漁」の詩に、⑤で紹介した技法を使って脚本を完成させる。

⑦お互いの「大漁」の群読を発表する。

このような流れで「はるのうた」「しりとりうた」などの脚本作りと発表会を、学期に一回ずつ実施しました。

❂この群読に取り組んで

この実践を通して、一年生に群読を導入するときの作品選びでは、「一定のリズムで読める詩」「ユーモアがある詩」「動きがつけやすい詩」などの条件を満たすようなものを取り上げるとよいと感じました。

授業や朝の会など機会あるたびに斉読をさせ、宿題として音読を取り上げ、日ごろから群読に親しむことで、みんなで読む楽しさを感じたようです。

子どもたちのいきいきする様子を見て、子どもは創作活動が好きなんだということを実感しました。

✤大漁

金子みすゞ 作／細貝 俊 編

〈読み手〉１〜３の三グループ

１２３　大漁　金子みすゞ

１　朝焼け小焼けだ
１２　大漁だ！
１２３　大漁だ！
１　大羽いわしの
１２　大漁だ！
１２３　大漁だ！

１　浜は祭りのようだけど
２３　海の中では何万の
１２３　何万の（大きく）
１２３　いわしのとむらいするだろう
２３　いわしのとむらいするだろう（小さく）
３　いわしのとむらいするだろう（もっと小さく）

図工の授業は群読で始めよう！

――群読で高めよう創造性

栃木県　山中　伸之

そこで、ともすると楽しみが優先されてしまう図工の授業で、楽しむこと以外に大事なことを、群読を通して確認してみようと考えて実践してみました。

❂実践のねらい

子どもたちは図工の授業を楽しみにしています。自由に絵を描いたり、物作りを楽しんだりできるからです。場面によっては近くの席の子と、作品についてのおしゃべりをしながら制作することもあるでしょう。

そんな楽しい時間だからこそ、もしかしたら図工の目標が、はっきりと意識されていないかもしれません。

図画工作の目標は、

・感性を働かせる
・つくりだす喜びを味わう
・造形的な創造活動の基礎的な能力を培う
・豊かな情操を養う

ことであり、楽しく活動するということだけが目標ではもちろんありません。

❂実践の手順と留意点

四年生の子どもたちに、

「図工の時間の始まりにみんなで群読をして、図工の時間をもっとすばらしくしてみよう。その群読をみんなで作ってみよう」

と呼びかけてみました。

本校の子どもたちは週に一回、授業と授業の間の「業間活動」で群読を行っていますので、群読をよく知っています。

群読を知らない子どもたちの場合は、何回か群読を楽しんでから行うと、イメージができてよいと思います。

子どもたちから「やってみたい」という反応を得て、「では、図工の時間の群読に、どんな言葉を入れるとやる気になったり頑張ったりできるか、グループで話し合って、いい言葉をたくさん出してください」と指示しました。

子どもたちからは、

「すてきだね・試したり見つけたり・失敗は成功のもと・一人一人がんばろう・ファイト・想像しながら・上手だね・すごいじゃん・思いをこめる・楽しいぞ・週に一回の図工・君天才・やればできる・楽しく表す・ひらめき・いろいろな形や色・集中・観察・一生懸命・あきらめない・やればできるぞ・興味をもつ・工夫する・しゃべらないで・発想・自分なりに考えて」

などなど、たくさんの言葉が出てきました。

そこで次に、「これらの言葉をつなげて、文を作ってください」と指示しました。

すると、子どもたちは

・ひらめきを一人ひとりがもっている
・楽しいぞ週に一回図工の日
・君ファイト、想像しながらよい作品
・すてきだね。やればできるぞ君天才
・あきらめないで自分だけの作品を
・いろいろな色や形で表そう

など、たくさん考えました。

これらをもとに脚色して私が原案を作り、子どもたちに見てもらって作品を完成させました。

❂この群読に取り組んで

子どもたちはこの群読をとても喜んでいます。とくに最後の「君天才！」のところは、両手を広げて自分たちのグループのメンバー全員に向かって叫ぶように言っています。全員が「君は天才だ」と言われていることになり、気分がいいのでしょう。

図工の授業がある日の日直が、前に出てソロの部分を読むようにしました。恥ずかしがってできないかなと思っていましたが、どの子もがんばっています。

図工の時間になると、子どもたちは脚本の書かれたプリントを机の上に出して待っています。

私がうっかり忘れていると、「先生、群読はやらないんですか？」と、何人かが教えてくれます。

図工の授業への意欲づけに一役買っています。

✿ひらめき

山中 伸之 作・編

〈読み手〉男子全員と女子全員の二グループ。日直がソロを担当。一部分、座席の列ごとに読む
〈ノート〉とにかく元気に読む。「君天才！」の部分は両手を広げて周りの子全員に呼びかける。「Ｙ《ワイ》・Ｄ《ディー》・Ｚ《ゼット》」は「Ｙ（やれば）・Ｄ（できる）・Ｚ（ぞ）」をもじったもの。

日直　ひらめき
女子全員　ひらめき
　全員　ひらめき
日直　ひとりひとりの
男子全員　ひらめき
日直　自分だけの
　全員　ひらめき

女子全員　一生懸命考えて
男子全員　思いをこめてがんばろう
女子全員　失敗してもあきらめず
男子全員　自分の思いを表そう
　全員　色や形で表そう

1列目　週に一回図工の日
2列目　集中しながら楽しもう
3列目　協力しながら取り組もう
女子全員　おしゃべりしないで興味をもって
男子全員　試して見つけて想像しよう

男子全員　君ファイト！
　全員　想像しながらよい作品
女子全員　すてきだね！
　全員　Ｙ・Ｄ・Ｚ
　全員　君天才！

特別支援学級で「あったか言葉」の群読
――なかよく楽しく、交流びらき！

群馬県　塚田　直樹

✪実践のねらい

学校には、「交流」「通級」学習と称して、特別支援学級の在籍児が、通常学級に出かけて一斉授業を受ける学習があるのに対し、「取り出し」「個別」学習などと称して、通常学級の在籍児が、特別支援学級へ通って授業を受ける学習形態もあります。

私の勤務市でも、様々な理由で一斉指導での学習が難しい状況の子どもに、校内委員会で対応を検討し、本人と保護者の意向を尊重しながら、個別の支援を取り入れる試みをしています。

しかし、こういった「学習の場を変更する」支援策に対する理解不足から、支援をスタートする場が特別支援学級になると、「どんなところだろう？」と不安を抱えてやってくるお子さんもいます。そんな子にこそ「楽しいところだ」「勉強しに行ってよかった」といった気持ちになって欲しいと願い、なるべく明るく楽しい雰囲気で個別の学習支援がスタートできるよう、「交流びらき」のミニ歓迎会を行うようにしています。

その歓迎プログラムの中に、群読を取り入れてみたところ、クラスの子たちが脚本づくりの段階から意欲を示し、練習時も楽しみながら声を出し、笑顔が多く見られました。そして普段あまり見せない優しさを発揮する子もいて、個々の子どもの協調性の一面についても知ることができました。

✪実践の手順と留意点

次が、「交流びらき」のプログラム例です。

①入場：交流学習にやってきた子を在籍児が、紙吹雪

やクラッカーで歓迎し、椅子に案内。
②はじめの言葉：在籍児童の進行でスタート。
③自己紹介：学年と名前、好きな遊びを言って、順に握手。最後に、交流児童も自己紹介。
④歓迎の言葉：代表児童が「○○くん、ようこそサポート教室へ。これからみんなとなかよく勉強しましょう！」と言って、大きな拍手（ここで群読）。
⑤交流タイム：なかよし椅子取りゲーム。音楽に「みんなともだち」（中川ひろたか作詞・作曲）をかけ、椅子の数を少なくしていっても、必ず仲間外れを作らずに、お尻をずらし合ったり膝の上に座らせてもらったりして、全員が協力して座る特別ルール。
⑥写真撮影：みんな笑顔で記念の一枚。
⑦おわりの言葉：進行役の子をねぎらい、先生や友だちと互いに「よろしくね！」とハイタッチ！

このような流れで歓迎会の大枠を計画し、学級活動の時間を使って、④の場面に取り入れる群読を子どもたちと考えました。「自分が言ってもらえたらうれしい言葉って、何かな？」と尋ね、歓迎の言葉といっしょに、「あったか言葉」をピンクの模造紙に書き込み掲示しました。中には、辞書やインターネットを使い、言葉を探す子もいました。

「だいじょうぶ？」「すご〜い！」「やったね！」「がんばって」「ナイス！」「にこにこ」「平気」「上手」「おめでとう」「やさしいね」「遊ぼう」「いいよ」などたくさんの言葉が出され、そういった優しい気持ちを込めて「よ・う・こ・そ」の四文字を使った群読を考えました。

音読が苦手な子もいたので、なるべく短い言葉で、復唱を多くするなどの点を工夫しました。

✪この群読に取り組んで

特別支援学級の児童は、行事の主催者として、歓迎する側に回ることは少なく、こういった交流の機会が貴重な体験となります。教員主導の活動になりがちでしたが、子どもたちの意見を取り入れることで、みんなで歓迎しようという意識をもたせることができました。

また口げんかの多かった子同士が、群読づくりの共同作業を通じて、なかよくなるという効果も生まれました。

楽しい雰囲気で交流が始まることで、本人だけでなく、保護者の不安も軽減していったように感じられました。

✿ようこそ！　サポート教室へ

塚田　直樹　作・編

〈読み手〉ソロ1〜4の四人
〈記　号〉■たたみかけ　最後の「ようこそ」は、前の人が読んだら、すぐに次々と読み始める。
〈ノート〉四名が一列に並び、ソロで読むときに一歩前に出る。全員で（　）内の動作を付ける。

全員　ようこそ！　サポート教室へ
1　「ようこそ」の「よ！」
全員　「よろしくね」（あたまを下げる）
全員　ようこそ！　サポート教室へ！
2　「ようこそ」の「う！」
全員　「うれしい仲間」（腕をXに組んで胸に当てる）
全員　ようこそ！　サポート教室へ
3　「ようこそ」の「こ！」
全員　「こまった時には」（人差し指を立て頭に当てる）
全員　ようこそ！　サポート教室へ！

4　「ようこそ」の「そ！」
全員　「そうだんしてね」（片手の親指を立てる）
1　「大丈夫　大丈夫」
2　「平気　平気」
3　「いいから　いいから」
4　「ナイス　ナイス」
1　「ようこそ」
2　■「ようこそ」
3　■「ようこそ」
4　■「ようこそ」
全員　「ようこそ！　サポート教室へ！」

2・学級、学年活動のなかで――■実践のポイント

◆◆学校生活を豊かにする群読◆◆

※伏見　かおり

「豊かな学校生活」というとき、子どもと子ども、子どもと先生、先生と先生の心の距離が近づき、一体感や信頼感を感じ合っている、そんな場面を思い浮かべます。ここで紹介するのは学校生活のさまざまな場面で、子どもも先生もともに群読を通して心地よくつながり、豊かな時間を共有できる実践です。

日置敏雅さんは、一日をスタートさせる朝、低学年の子どもと行う群読活動を紹介しています。〝リズム〟や〝繰り返し〟〝テンポ〟の気持ちよさが味わえる群読をすると、明るくみずみずしい気持ちになり、自然と体も動いて笑顔になってきます。群読が学級文化として定着し、学級の一体感が醸成される過程が、ていねいに紹介されています。低学年だけでなく、群読を導入するときの指導例として、たいへん参考になる実践です。

長塚松美さんは〝一年間のまとめの会〟で、学年群読を企画し発表した取り組みを紹介しています。発表の中心となる群読の題材を国語教科書から選択したことで、子どもと先生、学年のみんなが思いをこめやすいものとなりました。群読が学習のまとめとしてより深く豊かな表現になるように、音楽・図工・体育・生活科の合科的・関連的な指導を計画して準備し、工夫しながら完成させた実践過程は、綿密かつダイナミックで多くの示唆に富んでいます。

西野宏明さんは、五年生の学年びらきの学年集会で、「心のつながり」を願って実践した群読を紹介しています。クラス替えがあり担任も変わった五年生は、秘めたやる気と期待と不安でいっぱいです。子ども同士、子どもと先生、先生同士、学年のみんながいっしょに思いきり声を出すことで、一体感を感じさせたい、人と人とがつながるあたたかさや安心感が、子どものやる気を引き出すきっかけにしたいという思いが脚本から感じられる実践です。

このように、群読によって達成感や信頼感が感じられたとき、その場にいるだれもが学校生活に豊かさを感じられるのではないでしょうか。

ことば遊びで元気に一日を始めよう
――リズムにのって笑顔いっぱい！

愛知県　日置　敏雅

❂実践のねらい

「朝から声を出す活動を取り入れたい」。いつもそう思っていました。だから朝の会では、歌を歌ったり、詩の朗読を行ったりしてきました。この活動では、大きな声を出せる子がいる反面、声を出すことに苦手意識のある子は、なかなか明るい表情になりませんでした。

そこで、みんなが声を出すとともに、「みんなが笑顔になれる活動ができたらもっといいだろうな」という思いで、群読に取り組み始めました。

一年生の国語の教科書のはじめにも、リズムの良い文章が多く掲載されています。規則正しい、リズムのある文章や、音数のそろっている文章を読む活動は、低学年の子どもに合っているし、同じ文字の言葉が、別の意味に変わることば遊びの活動は、低学年の子どもには楽しい活動になります。

また低学年の子どもは、「おもしろい」と感じると、何度も繰り返すことを喜び、しぜんと体も動いて笑顔になっていきます。そこで、低学年でもリズムに乗ってできる群読（リズム群読）をいくつか作り、実践してきました。

この脚本は、ことば遊びの要素が強く、どの子も楽しく取り組める作品に仕上がりました。

❂実践の手順と留意点

はじめは、脚本をみんなで音読しました（斉読）。この段階で、脚本のもつ基本のリズムを教えました。リズムの取り方で気をつける部分は、「かえるかえるか」を読むとき、弱起でわずかに遅れて読み始めるところです。

低学年では、はじめに「ん」と言ってから読み始めた方がやりやすいと思います。慣れてきたら次第に「（ん）かえるかえるか」というように、（ん）を無声音にしたり、手拍子や足踏みに変えたりして行いました。

この段階では、全員が言えるようにゆっくりとしたテンポで行いました。また、どの子にも「かえる」という言葉の意味がどう変わっているかということが分かるように説明を加えながら、ことば遊びの要素をじっくりと味わわせたいと思いました。

全員が斉読できるようになったら、分読に進みます。まずは、教師がリード役を務めます。はじめは、手拍子をしながらゆっくりと行いました。

全員が読めるようになったら、座席で前から順番にソロを分担して分読を行いました。自分の順番になったことに気づかずに、読めない子どもやリズムにうまく乗れない子どもがいると、自然と笑いが起こり、楽しさが増していきました。

なかなかうまく読めないときには、教師が順番に移動してその子の机を叩いて教えたり、小声でいっしょに読んであげたりして、できるように支援していきました。

また教師がリズムに合わせて、手拍子や足踏みをして音を入れると、リズムを崩さずテンポよく読めました。慣れてきたら、徐々にテンポを速くしていきました。これが子どもたちたちにはウケて、楽しく群読をすることができました。

さらに、急に「この列の後ろから」というように、無茶ぶりをするのも、楽しく活動する一つの方法です。

❁この群読に取り組んで

リズム群読は、全員がテンポに合わせて読めると、学級全員に達成感が得られて、とても気持ち良いものです。

また、速いテンポで全員が読めると学級に一体感も生まれます。達成感や一体感を感じると子どもはどんどん笑顔になっていきます。おまけに学級の子ども同士の距離が、どんどん縮まってくように感じました。

この脚本のように、ことば遊びの要素があると、子どもたちは覚えるのも早く、紙を見ないで読めるようになる子も多くいました。

雨の日の休み時間や、遠足で歩いているときに、いきなり「かえるかえるか」と誰かが始めると、交代でソロの役をやって「いきなり群読」が始まることもありました。

群読活動は学級文化として楽しい活動となりました。

✤かえる

日置　敏雅　作・編

〈読み手〉ソロ1～5の五人
〈ノート〉各行を四拍で読む。太字部分は手を叩いてリズムを取る。慣れてきたら、教師の部分を子どもがソロで読んでもよい。
各連一行目の「かえる　かえるか」は弱起でわずかに遅れて読み出す。「(ん)かえる　かえるか」と、(ん)を入れる気持ちで読む。

教師　**(ん)**かえる　**か**えるか
全員　**か**えるか　**か**える
ソロ1　**ま**わりに　**あ**わせて
全員　**い**ろ**か**え**る**

教師　**(ん)**かえる　**か**えるか
全員　**か**えるか　**か**える
ソロ2　**び**っくり　**お**どろき
全員　**ひ**っくり　**か**える

教師　**(ん)**かえる　**か**えるか

全員　かえるか　かえる
ソロ3　ひゃくえん　あったら
全員　おやつが　かえる

教師　(ん)　かえる　かえるか
全員　かえるか　かえる
ソロ4　ノートと　えんぴつ
全員　とりかえる

教師　(ん)　かえる　かえるか
全員　かえるか　かえる
ソロ5　ゆうやけ　こやけで
全員　おうちへ　かえる

まとめの会を子どもと教師全員で
――群読の流れの中にそれぞれの持ち場を！

神奈川県　長塚　松美

そのためには基調となる群読があり、その中で学年の教師が得意とする分野、やってみようと思える分野を設定することで、取り組みやすい環境を作ることが大事です。

ねらいはまさに、いつでもだれにでも取り組むことができる【学年群読】を創り上げることです。

◎実践の手順と留意点

①基調となる群読は、国語の教科書にある題材を活用します。これは、学習を深められるという利点と、教師も子どもも、身近な教材として受け入れやすいという利点があります。

私が実践した教材には、「おむすびころりん」「くじらぐも」「スーホの白い馬」「かさこじぞう」があります（クラスごとの小規模なまとめの会でしたら、「大きなかぶ」「スイミー」なども扱えます）。ここでは、「スーホの白い馬」を扱っ

◎実践のねらい

前期まとめの会を踏まえて【学年まとめの会】を実践する学年（二学期制の場合）や、【学年まとめの会】のみを行う学年など、いろいろな考えのもとに、形態も工夫して、【学年まとめの会】を行う学年が増えてきました。

数年前は、クラスごとの出し物を披露するという形態を取ったこともありますが、これではあまりにクラスの差が歴然としてしまいます。

学年教師集団は、経験年数・実年齢等さまざまです。初任の方が含まれていても、だれもが安心して取り組むことができ、保護者の方にも安心して鑑賞していただけるような形態を創り出す必要があります。

そして、何よりも、子どもたちが、主体的に題材に取り組めるように工夫することが重要だと考えます。

た実践を紹介します。

②題材が決まると、その物語の全体像の中で、どのような要素を加えるとより物語が深いものになるか、学年の教師はそれぞれどのような参画の仕方ができるかを考えます。私の学年は四名（初任者二名、臨任者一名と私）。

私が全体の流れとなる群読を担当します。子どもも群読グループを作ります。以下は他の先生方の役割分担です。

全体で歌う歌と、群読の挿入歌を演奏する部分を一名が担当します。子どもは楽器演奏グループを作ります。

物語の中盤に、モンゴルらしいダンスを挿入するように物語をやや脚色し、ダンスを一名が担当します。子どもはダンスグループを作ります。

背景となる絵を大きく描くことも取り入れました。一名が担当し、背景グループの子どもが描きました。発表当日も絵を描いた子どもたちが登場できる工夫も加えます。

各クラスで、四つのグループから子ども自身が選び、人数の偏りは調整します。四グループが四人の担当教師による指導を積み重ねていきました。

週に一、二回程度、四グループの活動を同時に行う時間を設定し、当日が迫ってくる二週間ぐらい前には、すべてを合わせる学年活動を計画していきました。

③最大の留意点は、教師も子どもも、自分が担当する部分を懸命に取り組むことと、最大限に楽しむことです。

教師も楽しんで参加しなければ、壮大な一つの作品を自ら創り上げることにはならないからです。教師の適性を見極めつつ、でも担当を選ぶのは、教師自身です。

その際、「全体は私（長塚）が構成するから安心して！」という雰囲気を醸し出しながら、個々の教師の希望を生かしていきます。ここが重要ポイントです。

❁この群読に取り組んで

保護者にも披露することで、子ども自身が満足度最高潮の【学年まとめの会】となりました。

教師にとっても、自分が分担した部分を精一杯創り上げたことで大きな自信となり、その上、それぞれの指導の成果を一連の流れにすることができたので、教師間の協力性の大きさ・強さを感じることができました。

子どもたちも、演じたり登場したりする場面はもちろん、観客としてであっても、ともに舞台で演じているイメージを持つことができて、大きな達成感を味わいました。

✤モンゴル民話より　スーホの白い馬

長塚　松美　訳・編

〈読み手〉ソロ一一人（スーホ・馬・おばあさん・とのさま・スーホの語り１～４・馬の語り・おばあさんの語り・とのさまの語り）とアンサンブル。担当以外をＡ～Ｄの四グループに分ける

〈ノート〉群読の途中に合唱・合奏・ダンスを組み込んでいる。題名と作者などを紹介した。

Ａ　中国の北の方、モンゴルというところは、広い草原が広がっていました。

Ｂ　そこにすむ人たちは、むかしから、ひつじや牛や馬などをかって、草がなくなると、つぎつぎと土地をいどうしながら、くらしていました。

全員　このモンゴルに、「馬頭琴《ばとうきん》」というがっきがあります。

Ｃ　がっきのいちばん上が、馬の頭の形をしているので、「馬頭琴」というのです。

Ｄ　いったい、どうして、こういうがっきができたのでしょうか。

全員　それは、つぎのような話があるのです。目をとじて思いうかべてみてください。

スーホの語り１　むかし、モンゴルの草原に、スーホという、まずしいひつじかいの少年がいました。

スーホの語り２　スーホは

＋おばあさんの語り　おばあさんとふたりきりで、くらしていました。

スーホの語り全員　スーホはおとなにまけないくらい、よくはたらきました。おばあさん思いのやさしい少年でした。

スーホの語り３　毎朝、早くおきると、おばあさんをたすけて、ごはんのしたくをします。それから、二十頭あまりのひつじをおって、広い広い草原に出ていきます。
スーホの語り４　スーホは、とても歌がうまく、
スーホの語り１　ほかのひつじかいたちにたのまれて、よく歌を歌いました。
スーホの語り２　スーホのうつくしい歌声は、広い草原をこえ、遠くまでひびいていくのでした。
　歌「あの青い空のように」（丹羽謙次　作詞／作曲）

　全員　ある日のことでした。
　A　日は、もう遠い山のむこうにしずみ、あたりは、ぐんぐんくらくなってくるというのに、スーホが帰ってきません。
おばあさんの語り　おばあさんは、しんぱいになってきました。
　B　近くにすむひつじかいたちも、どうしたのだろうと、さわぎはじめました。
　C　みんながしんぱいでたまらなくなったころ、
スーホの語り３　何か白いものをだきかかえて、スーホが帰ってきました。
　D　みんながそばにかけよってみると、それは、生まれたばかりの、小さな小さな白い馬でした。
スーホの語り４　スーホは、うれしそうに、にこにこしながら、みんなにわけを話しました。
　スーホ　「帰るとちゅうで、子馬を見つけたんだ。この子が、じめんにたおれて、もがいていたんだよ。あたりを見ても、もちぬしらしい人もいないし、おかあさん馬も見えない。そのままほうっておいたら、夜になって、おおかみに食われてしまうかもしれない。そう思って、つれてきたんだよ」

A　日は、一日一日とすぎていきました。
スーホ　スーホが、朝からばんまで、毎日、心をこめてせわしたおかげで、
＋馬　子馬は、すくすくとそだっていきました。
全員　体は雪のように白くすきとおり、きりっとひきしまっていて、だれもが、思わず見とれるほどでした。

歌「スーホの白い馬」（中山真理　作詞／作曲）

スーホの語り１　あるばんのこと、ぐっすりねむっていたスーホは、はっと目をさましました。
＋馬　けたたましい馬の鳴き声と、ひつじたちのさわぎが聞こえます。
スーホの語り２　スーホは、びっくりしてはねおきると、外にとび出し、ひつじのかこいのそばにかけつけました。
＋スーホの語り３　見ると、大きくておそろしいおおかみが、ひつじにとびかかろうとしています。
＋馬の語り　それをふせぐように、わかい白馬が、おおかみの前に立ちふさがって、ひっしにたたかっていたのです。
スーホの語り４　スーホは、いそいでおおかみをおいはらって、白馬のそばにかけよりました。
馬の語り　白馬は、体じゅうあせびっしょりでした。
B　きっと、ずいぶん長い間、おおかみとたたかっていたのでしょう。
スーホの語り１　スーホは、あせまみれになった白馬の体をなでながら、大事な弟に言うように話しかけました。
スーホ　「よくやってくれたね、ぼくの白馬。本当にありがとう。これから先、どんなときでも、ぼくはおまえといっしょだよ」

C　月日は、とぶようにすぎていきました。

D　ある年の春、草原いったいに、ある知らせがつたわってきました。

＋A　このあたりをおさめているとのさまが、町でけい馬の大会をひらくというのです。

＋B　そして、一等になったものは、とのさまのむすめとけっこんできるというのでした。

C　この知らせを聞いた、なかまのひつじかいたちは、スーホにすすめました。

ABCD　「ぜひ、白馬にのって、けい馬に出てごらんよ。きっと一等になれるよ」

スーホの語り2　なかまがおうえんしてくれることを知って、スーホは、白馬にまたがり、ひろびろとした草原をこえて、けい馬のひらかれる町へむかったのでした。

ABCD　町は、にぎやかなおまつりのように、活気にあふれ、出店を楽しみ、ダンスをおどっている人々もいました。

ダンス「ナーダム」（モンゴル民謡）

D　けい馬がはじまりました。

＋A　たくましいわかものたちは、いっせいにかわのむちをふりました。

＋B　馬は、とぶようにかけます。その中で、先頭を走っていくのは、白馬です。

全員　スーホののった白馬です。そして、そのままゴールしました。

とのさま　「白い馬が一等だぞ。白い馬ののり手をつれてまいれ！」

とのさまの語り　とのさまはさけびました。

C　ところが、つれてこられた少年を見ると、まずしいみなりのひつじかいではありませんか。

とのさまの語り　そこでとのさまは、むすめとけっこんさせるというやくそくなどは、知らんふりをして

とのさま　　　　言いました。
　　　　　　　「おまえには、ぎんかを三まいくれてやる。そのすばらしい白い馬を、ここにおいて、おまえはさっさと帰れ」
スーホの語り全員　スーホは、かっとなって、むがむちゅうで言いかえしました。
　　　スーホ　「わたしは、けい馬に来たのです！　馬を売りに来たのではありません！」
　　とのさま　「なんだと、ただのまずしいひつじかいが。このわしにさからうのか。ものども、こいつをうちのめせ！」
とのさまの語り　とのさまがどなり立てると、家来たちが、いっせいにスーホにとびかかりました。
スーホの語り３　スーホは、おおぜいになぐられ、けとばされて、気をうしなってしまいました。
とのさまの語り　とのさまは、白馬をとり上げると、家来たちを引きつれて、大いばりでしろに帰っていきました。

スーホの語り４　スーホは、なかまたちにたすけられて、やっとのことで、うちまで帰りました。
スーホの語り１　スーホの体は、きずやあざだらけで、みも心もグッタリでした。
おばあさんの語り　しんぱいしたおばあさんが、つきっきりで手当てをしてくれました。
スーホの語り２　おかげで、何日かたつと、体のきずは、やっとなおってきました。
スーホの語り３　それでも、白馬をとられたかなしみは、どうしてもきえません。
スーホの語り４　（白馬はどうしているだろう）と、スーホは、それはかり考えていました。
　　　全員　白馬は、いったい、どうなったのでしょうか。

とのさまの語り　すばらしい馬を手に入れたとのさまは、すごくいい気もちでした。もう、白馬をみんなに見せびらかしたくてたまりません。

ＡＢＣＤ　そこで、ある日のこと、

とのさまの語り　とのさまは、おきゃくをたくさんよんで、さかもりをしました。そのさいちゅうに、白馬にのって、みんなにそのすがたを見せてやることにしました。

Ｄ　家来たちが、白馬を引いてきました。

とのさまの語り　とのさまは、白馬にまたがりました。

全員　そのときです。

馬の語り　白馬は、おそろしいいきおいで、力のかぎり、はね上がりました。

とのさまの語り　とのさまは、じめんにころげおちてしまいました。

馬の語り　白馬は、とのさまの手からたづなをふり切ると、さわぎ立てるみんなの間をぬけて、風のようにかけ出しました。

とのさまの語り　とのさまは、おき上がろうともがきながら、大声でどなりちらしました。

とのさま　「早く、あいつをつかまえろ。つかまらないなら、弓でいころしてしまえ」

全員　家来たちは、いっせいにおいかけました。

ＡＢＣＤ　けれども、白馬にはとてもおいつけません。

全員　家来たちは、弓を引きしぼり、いっせいに矢をはなちました。

Ａ　矢は、うなりを立ててとびました。

＋Ｂ　白馬の体には、つぎつぎと、矢がささりました。

馬の語り　それでも、白馬は走りつづけました。

C　そのばんのことです。
スーホの語り１　スーホがねようとしていたときです。ふいに、外の方で音がしました。
スーホ　「だれだ？」
スーホの語り２　と聞いてもへんじはなく、カタカタ、カタカタと、もの音がつづいています。
おばあさんの語り　ようすを見に出ていったおばあさんが、さけび声を上げました。
おばあさん　「白馬だよ。うちの白馬だよ。スーホ、白馬が帰ってきたよ」

スーホの語り３　スーホははねおきて、かけていきました。
＋馬の語り　見ると、本当に、白馬はそこにいました。
馬の語り　けれど、その体には、矢がいたいたしそうに何本もつきささり、血まみれで、あせが、たきのようにながれておちています。
＋スーホの語り全員　白馬は、ひどいきずをうけながらも、走って走って、走りつづけて、
馬の語り　大すきなスーホのところへ帰ってきたのです。
スーホの語り４　スーホは、はを食いしばりながら、力をこめて、白馬にささっている矢をぬきました。
馬の語り　きず口からは、血がふき出しました。
スーホ　「白馬、ぼくの白馬、しなないでおくれ。ああ、なんてひどいんだ」
馬の語り　白馬は、弱りはてていました。
スーホの語り全員　ふき出す血をおさえ、ひっしでスーホは、白馬の体をさすりました。
馬の語り　でも白馬のいきは、だんだん細くなり、目の光もきえていきました。
スーホの語り１　そして、つぎの日、スーホのねがいもむなしく、白馬は、しんでしまいました。
スーホの語り２　しんでしまいました。

スーホの語り3　かなしさとくやしさで、スーホは、いくばんもねむれませんでした。
スーホの語り4　でも、やっとあるばんのこと、とろとろとねむりこんだとき、スーホは、白馬のゆめを見ました。
スーホの語り1　スーホがなでてやると、
馬の語り　白馬は、体をスーホにすりよせました。そして、やさしくスーホに話しかけました。
馬　「そんなにかなしまないでください。それより、わたしのほねやかわや、すじや毛をつかって、がっきを作ってください。そうすればわたしは、いつまでもいつまでも、あなたのそばにいられますから」

スーホの語り2　スーホは、ゆめからさめると、さっそく、そのがっきを作りはじめました。
スーホの語り全員　ゆめで、白馬が教えてくれたとおりに、
スーホの語り3　ほねやかわや、すじや毛を、
＋スーホの語り4　むちゅうで組み立てていきました。
D　がっきはできあがりました。
ABC　これが「馬頭琴」です。
全員　これが「馬頭琴」です。

スーホの語り1　スーホは、どこへ行くときも、この馬頭琴をもっていきました。
スーホの語り2　それをひくたびに、スーホは、白馬をころされたくやしさや、
＋スーホの語り3　白馬にのって草原をかけ回った楽しさを思い出しました。
＋スーホの語り4　そして、スーホは、自分のすぐわきに白馬がいるような気がするのでした。

A　そんなとき、がっきの音は、
＋B　ますますうつくしくひびき、
＋C　聞く人の心をゆりうごかすのでした。
＋D　やがて、スーホの作り出した馬頭琴は、広いモンゴルの草原中に広まりました。
ABCD　そして、ひつじかいたちは、夕方になると、よりあつまって、そのうつくしい音に耳をすまし、一日のつかれをわすれ、心やすらぐひとときをすごすのでした。
合奏「アメージンググレイス」（讃美歌）
全員合唱「ともだち賛歌」（アメリカ民謡／阪田寛夫　訳／加賀清孝　編曲）

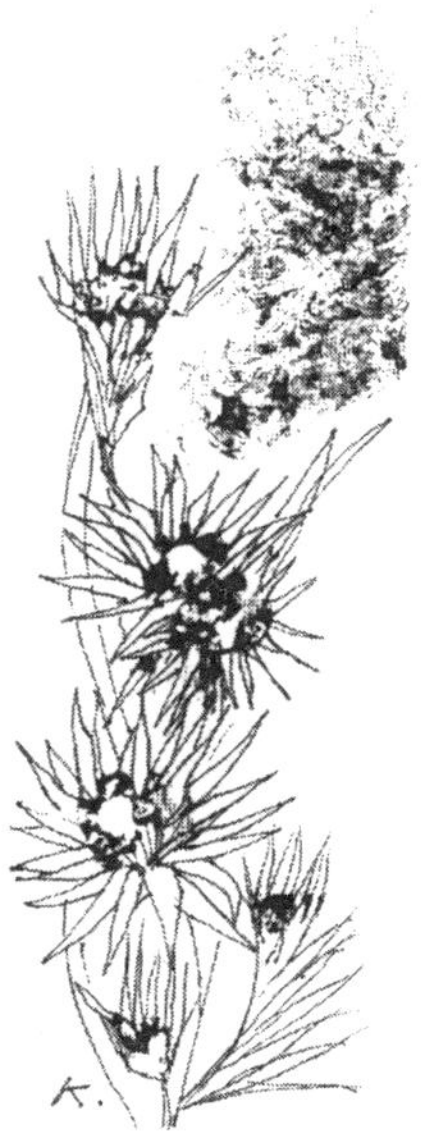

学年びらきはみんなで声を合わせて！
――年度はじめに心をひとつに

東京都　西野　宏明

✿実践のねらい

ねらった効果は次の二つです。

①一緒に声を出すことで一体感を感じることができます。子ども同士、子どもと先生、先生同士、学年のみんなが一緒に声を出すことで学年全体に一体感が生まれると考えました。みんなで一つの群読脚本を読むことを通して、心がつながる体験を、年度当初に味わわせたかったのです。「自分はこの学年にいて大丈夫なんだ」、「今年は温かい雰囲気だな」と感じさせられれば最高です。

②ちょっとした成功体験で力を合わせる楽しさを感じ、体を動かしたり、声を出したりする活動によって、子どもたちは心の距離をぐっと縮めます。

学年のはじめに群読をすることにより、力を合わせる楽しさや、心が一つになる気持ちよさを自然と体験させることができます。

五年生の実態に合った脚本にしたので、子どもたちは興味をもって聞き、声を出します。

「これから一年間、このメンバーで一緒に学年を作っていこう」という心構えができればいいと思いました。安心感、温かさ、一体感を味わわせ、「いよいよ高学年だ。今年もがんばろう！」と、やる気を引き出すことがポイントです。

✿実践の手順と留意点

小学校高学年の学年びらき（はじめての学年集会）で行いました。先生と子どもたちが出会って二日目です。子どもたちはどんな先生方なのかわかっていません。

そこで簡単な自己紹介のあとに群読を行いました。場所は体育館でクラスごとに整列し、担任が前に並ぶ形で行い、脚本は学年会で教師同士が話し合って作成しました。

学年目標をもとに「どんな子どもに育てたいのか」「五年生とはどのような学年なのか」を共通理解とするために、担任それぞれが言葉にして、組み合わせて作成しました。学年の主な行事、高学年ならではの活動を織りまぜて作ると、子どもたちの興味がより高まると考えたからです。

このとき文言が説教調にならないように注意したいものです。あくまでも勇気づけ、やる気を引き出すことが目的です。

最初、教師だけで群読するか、子どもたちが読む部分を加えるかどうか迷いました。当然、はじめての出会いなので、事前に担任と子どもが一緒に練習することはできません。担任だけでも十分興味を引くはずです。それでもやはり、子どもと先生が一緒に読む部分を設定することによって、学年全体の心が一つになると考えました。

そこで、担任の「運動会で南中《なんちゅう》ソーランを踊る」、「学校全体のために委員会活動をする」というかけ声のあとに、子ども全員で「五年生！」と言うことにしたのです。うまく声がそろったタイミングでほめると、その後の声がどんどんそろっていきました。

✿この群読に取り組んで

学年びらきの後、教室に戻り子どもたちをほめたところ、子どもたちの表情がより生き生きとしてきました。

この実践のいいところは、やり方がわかりやすく、どんな先生でも追実践できるところです。他の学年でも応用できます。簡単だからこそ、子どもたちの成功体験につながるのです。年度当初に「はじめてなのによくできましたね」と、子どもをほめる大きな材料となります。

また、成功した体験を価値づけて共有することで次へつながります。

「こうして力を合わせると成功するのですね」「これが心を一つにするということなのですね」と価値づけを繰り返すことで、他の場面でも心をそろえるようになります。

その後は、やりたいと思う脚本を探して実践してみるのがいいと思います。

「この間は学年全体で心が一つになったから、今度はこの学級、みんなの心を一つにしていこう」と言って、群読を定期的に行うことをおすすめします。

楽しく学級がまとまっていきますよ。

✤心を一つに

西野　宏明　作・編

〈読み手〉ソロ1～4の四人（1は学年主任、2～4は学級担任）。全員は教師と子ども全員

1　五年生のみなさん　おはようございます。
全員　おはようございます！
2　進級おめでとうございます。
私たちはみなさんの担任になることができて、うれしく思っています。
3　今、みなさんの気持ちはドキドキ半分、ワクワク半分でしょうか。
新しい友だちはできるかな。どんな勉強をするのかな。
移動教室が楽しみだな。担任の先生はどんな人だろう。
4　その気持ち、よくわかります。でも大丈夫。私たちは全力でサポートします。
一緒に力を合わせていけば、きっとすばらしい一年間になります。
1　五年生とはどんな学年でしょう。
先生たちが「～～～」と言うので、最後に「五年生！」と全員で言ってください。
初めて力を合わせる活動ですよ。委員会が始まる……、（かけ声の合図をして）
全員　五年生！
1　ばっちりです。声がそろいましたね。ありがとうございます。
五年生から委員会活動があります。学校全体のために責任をもって仕事をしてください。

みなさんの活躍する姿を見るのがとても楽しみです。

２　二泊三日の移動教室でたくさんのことを学ぶ……、（かけ声の合図）
全員　五年生！
２　初めての宿泊行事です。友だちと仲良く過ごす協調性。宿舎や見学先の人に対する感謝。
みなさんなら協調性と感謝を行動に移し、一生忘れない移動教室にできるはずです。
３　運動会で南中ソーランを踊る……、（かけ声の合図）
全員　五年生！
３　今年も五年生では南中ソーランを踊ります。暑いです。疲れます。足が痛くなります。
そんなときこそ、みんなで声をかけ合って、心を一つにして成功させましょう。
心も体も鍛える一年間にしてください。
４　高学年として学習内容が増えて難しくなる……、（かけ声の合図）
全員　五年生！
４　安心してください。先生たちは丁寧にわかるまで教えます。授業ではどんどん発言してください。
誰も笑ったり、バカにしたり、責めたりしません。
自分を表現する喜びを味わってほしいと思います。
１～４　行事も委員会も授業もがんばる……、（かけ声の合図）
全員　五年生！
１～４　心を一つに、どんな問題でも乗り越える……、（かけ声の合図）
全員　五年生！
１～４　最高の一年間にできる……、（かけ声の合図）
全員　五年生！
１　みなさんと先生たちの心が一つになりました。この調子ですばらしい一年間にしていきましょう。

3．行事に取り組む――■実践のポイント

◆◆行事に群読をどう取り入れるか◆◆

※澤野　尚子

ここでは、運動会、学習発表会、六年生を送る会、修了式などの特別活動に群読を取り入れた、小学校の実践を紹介します。忙しい行事前や学年末であっても、常に子どもたちを主人公にして活動を展開する素晴らしい取り組みです。

栗田裕子さんは、『教室で楽しむ群読12か月・低学年編』に紹介されている山口聡さんの「たのしい秋」をベースにしながら、「グループごとに子どもたちがそれぞれ発表内容を考えた部分」を取り入れています。「え～？　の後に、全員でこける」「教師の拍子木のテンポに合わせて発表」などの工夫もあり、楽しく練習する姿が目に浮かびます。自分たちで群読をつくりあげる楽しさを感じることができます。

伏見かおりさんは、子どもたちの意欲や期待や思いが伝わるように、ふりかえりの感想文や作文から子どもの言葉を拾い出して脚本を作成しています。学期の終わりや一年の終わりに、群読を取り入れたまとめができるとすてきです。代表者が今年の反省や次への抱負を述べることの多いこうした行事で、大いに参考となる実践です。

村末勇介さんは、「群読で心を一つに、卒業する六年生へインパクトのある贈り物をしよう」という取り組みの紹介です。家本芳郎先生の「祭りだ　わっしょい」（北原白秋原作）をベースに指導者が子どもたちに尋ねながら原案を作り、同学年の仲間に提示、修正して脚本を仕上げます。四年生にも無理がなく「隙間時間」を上手に使って、「一体感」「達成感」を味わうとともに「感動の共有」ができる実践です。

塚田直樹さんは、運動会やイベントの応援に、同じく家本先生の「祭りだ　わっしょい」をアレンジしたサンプルを使って、まずは「群読」という新しい手法が応援にも使えることを紹介しています。リーダーに体験させた上で、子どもたちが「選択する」「取り入れる」という主体的な活動を大切にしています。声を合わせる、それが団結力につながっていくことが感じられる実践です。

学習発表会で学校生活での成長を発表
——一年生でもテンポよく発表できる！

新潟県　栗田　裕子

◎実践のねらい

私の勤務する小学校では、学習発表会において、これまでの学校生活で学習したことや成長したことを、全校児童や保護者の前で子どもたちが発表する機会があります。

学習発表会は秋です。入学して半年の一年生が、自分たちの学習の成果やこれまでの成長をテンポよく発表するのは容易ではありません。子どもたち一人ひとりの活躍場面があり、しかも子どもたちが自主的に協力しながら工夫できる余地のある発表にするには、どうしたらよいか悩んでいたところに、群読脚本「たのしい秋」（山口聡脚色『教室で楽しむ群読12か月・低学年編』）と出会いました。

群読なら、一年生でも自分たちで工夫し、協力しながら、これまでの学びや成長をテンポよく楽しく発表できそうだと思い、取り組んでみることにしました。

◎実践の手順と留意点

一年生の子どもたちは、国語でたくさん音読をします。一人で音読。みんなで斉読。そんな経験を繰り返しながら、工夫して読むことを学びます。私の学級では以下のように朗読から群読へと、ねらい・内容を発展させていきました。

①教科書の教材をグループで工夫して読む。

・大きな声で読もう
・人数を工夫して読もう

②「えっへん」（松本順子脚色『教室で楽しむ群読12か月・低学年編』）をグループで工夫して読んで、参観日に発表する。

・大きな声で読もう
・人数を工夫して読もう
・参観日で発表しよう

③「たのしい秋」（山口聡脚色）をみんなで工夫して読み、学習発表会で発表しよう。

・学習発表会で発表しよう
・大きな声でテンポよく読もう
・人数を工夫して読もう
・内容を自分なりに考えよう
・みんなで協力して良い発表にしよう

このように、はじめは教科書の音読を十分に楽しみ、その後、教科書以外の題材の群読に挑戦しました。そして、九月になって、一〇月下旬の学習発表会に向けて「たのしい秋」の練習に入りました。

はじめて「たのしい秋」に出会った子どもたちは、とにかく読むことを楽しみました。一年生でもテンポ良く読め、身近で楽しい内容でした。楽しく元気に練習するあまり、発表前から、通りかかった他学年の子どもたちも覚えてしまい、廊下で一緒に群読するほどでした。

学級のみんなが覚えた頃に、より良い群読にするためにどうしたら良いか、学級で話し合いました。

主に、群読の仕方、内容（どんな工夫ができるか）、ステージでの動き等について話し合いました。自分たちの群読を撮影し、それを見ながら話し合うこともありました。

子どもたちからは以下のような意見が出ました。意見は教室に掲示し、常に見えるようにして、子どもたちが意識しやすいようにしました。

・大きな声で、テンポよく（拍子木に合わせて）読もう
・〇〇を見て発表しよう（目線）
・出入りを早くするために、次の一人が後ろに並ぼう
・ふざけないでやろう
・一人ひとりの好きな給食・遊び・本・教科やできるようになったことなどを紹介しよう

✪この群読に取り組んで

決まったテンポで群読することで、人前での発言を苦手としていた子どもたちも、ソロの部分でも自信を持って発表できました。また、みんなで内容・動き等を工夫しながら声を掛け合って群読したことが、他者に目を向けるきっかけとなり、日常生活でも、お互いに温かく声を掛け合うようになりました。

全校の前で発表したことで、全校にも言葉のリズム・テンポを楽しむ群読の輪が広がりました。

✤たのしい秋

山口　聡　作・編／栗田　裕子　改編

〈読み手〉ソロ1～16（全員が一回はソロになるようにソロを児童数に合わせている）
〈ノート〉※は学習発表会用に子どもたちが発表内容を考えた部分。ここでは動作をつけたり、みんなでポーズをとるなどの工夫をした。教師の拍子木のテンポに合わせて発表した。
太字部分は一行を四拍でリズミカルに読む。例えば、３行目の「さんま　なし　かき　くりごはん」は冒頭の「さんま」は弱起でわずかに間をおいて読み出し、「　さんま／なしかき／くりご／はん」のように区切って四拍で読む。

1　あきといえば
1234　しょくよくのあき！
2　**さんま　なし　かき　くりごはん**
1234　**さんま　なし　かき　くりごはん**
3　**カレー　ラーメン　ハンバーグ**
1234　**カレー　ラーメン　ハンバーグ**
4　え～？　たべすぎだよ！（みんなでこける）
1234　※わたしのすきなきゅうしょくは○○です。○○がおいしいです。
　ぼくのすきなきゅうしょくは○○です。毎日たべたいです。

5　あきといえば

5 6 7 8　スポーツのあき！

6　**ドッジ　なわとび　いちりんしゃ**

5 6 7 8　**ドッジ　なわとび　いちりんしゃ**

7　**ダンス　サッカー　バドミントン**

5 6 7 8　**ダンス　サッカー　バドミントン**

8　え～？　あそびすぎだよ！（みんなでこける）

5 6 7 8　※わたしのすきなスポーツはかけっこです。運動会では○位でした。
ぼくのすきなスポーツはとびばこです。○だんとべます。

9　あきといえば

9 10 11 12　どくしょのあき！

10　**えほん　しょうせつ　ものがたり**

9 10 11 12　**えほん　しょうせつ　ものがたり**

11　**こくご　さんすう　せいかつか**

9 10 11 12　**こくご　さんすう　せいかつか**

12　え～？　きょうかしょ？（みんなでこける）

※わたしのすきな本は○○です。○○がおもしろいです。
ぼくのすきな本は○○です。○○なところがすきです。

13　あきといえば

13 14 15 16　げいじゅつのあき！

14　ねんど　こうさく　すいさいが

13 14 15 16　ねんど　こうさく　すいさいが

15　まんが　いらすと　らくがきだ

13 14 15 16　まんが　いらすと　らくがきだ

16　え～？　らくがきはだめだよ！（※みんなでこける）

※わたしは図工で○○がすきです。○○がおもしろいです。

ぼくは図工で○○がすきです。○○なところがすきです。

1　あきといえば

1 2 3 4　しょくよくのあき！

5 6 7 8　スポーツのあき！

9 10 11 12　どくしょのあき！

13 14 15 16　げいじゅつのあき！

1 2 3 4　**さんま　なし　かき　くりごはん**

5 6 7 8　**どっじ　なわとび　いちりんしゃ**

9 10 11 12　**えほん　しょうせつ　ものがたり**

13 14 15 16　**ねんど　こうさく　すいさいが**

2　会場のみなさんもごいっしょに！

1 2 3 4　**さんま　なし　かき　くりごはん**（はい！）

ぜんいん　さんま　なし　かき　くりごはん
さんま　なし　かき　くりごはん
さんま　なし　かき　くりごはん
5 6 7 8　ドッジ　なわとび　いちりんしゃ（はい！）
ぜんいん　ドッジ　なわとび　いちりんしゃ
ドッジ　なわとび　いちりんしゃ
ドッジ　なわとび　いちりんしゃ
9 10 11 12　えほん　しょうせつ　ものがたり（はい！）
ぜんいん　えほん　しょうせつ　ものがたり
えほん　しょうせつ　ものがたり
えほん　しょうせつ　ものがたり
13 14 15 16　ねんど　こうさく　すいさいが（はい！）
ぜんいん　ねんど　こうさく　すいさいが
ねんど　こうさく　すいさいが
ねんど　こうさく　すいさいが
3　あきはたのしいね！
ぜんいん　あきはたのしいよ！
4　がっこうはたのしいね！
ぜんいん　がっこうはたのしいよ！

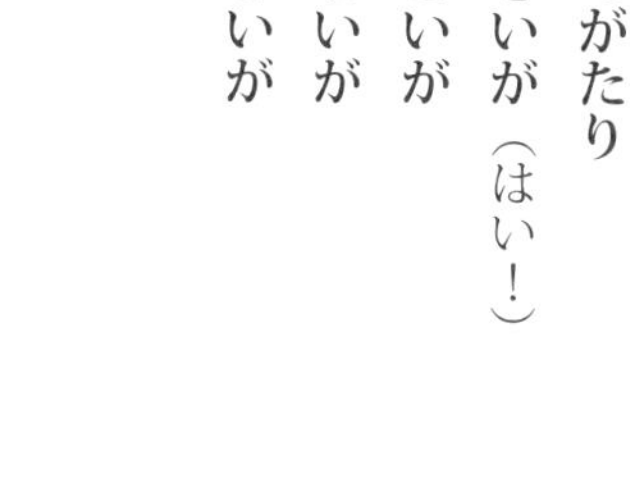

修了式で一年間のまとめを発表
――チャレンジいっぱい 楽しかったね三年生！

神奈川県　伏見　かおり

❂実践のねらい

本校では、終業式と修了式に各学年から〈ふりかえり〉を発表しあう場を設けています。毎学期ごとに2学年ずつ、一〇分以内を目安に行う発表の内容や方法は、それぞれの学年に任されていますが、いつ、どの学年がふりかえりを発表するかは、年度はじめに教師が話し合って決めます。

今年度三年生は、修了式で〈ふりかえり〉を発表することにしました。三年生は、新しい教科の学習などチャレンジに満ちた一年間です。その経験と思い出を群読で発表して、四年生進級に喜びと希望をもたせたいと考えました。

❂実践の手順と留意点

「中学年になった！　三階では自分たちが最高学年。一、二年生のお手本になりたい！」

「はじめてのクラス替え（本校は三年生と五年生へ進級時に実施）。新しい友だちとなかよくなれるかな」

子どもたちは中学年になった喜びと希望に満ちて学校生活をスタートしました。

教科では新しく理科や社会科、総合、習字の学習が始まりました。総合的な学習の時間は、地域の田んぼを題材に調べ学習をして発表しました。はじめて立った校内音楽発表会のステージでは、合奏と合唱を発表するなど、三年生ならではの新しい活動がたくさんありました。

子どもたちが、興味津々やる気まんまんでチャレンジしたこと、達成感を味わった楽しい思い出を中心に、次のことに留意しながら脚本づくりや場の設定を行いました。

①ふりかえりの感想文や作文などをもとに、子どもたち自身の心に強く残った経験や行事、学習を取り上げて脚本にまとめました。

②子どもたちの意欲や期待や思いが伝わるように①の資料から子どもの言葉を拾い出して脚本を作りました。

③一年間の学習や行事の流れが伝わる構成にしました。

④単元や行事が終わった後も、学び成長し続けている子どもたちの姿が伝えられるような場面を作りました。

⑤脚本はソロ・各クラス・全員の三パートで構成しました。クラスパートは教室で練習しておき、機会の少ない全体練習が有効に行えるように練習計画をたてました。

⑥実際に声を出しながら、言いやすいリズムや言い回しや大勢が息を合わせやすいタイミング・間を工夫して、流れのある群読発表ができるように練習しました。

⑦全校に向けた発表を意識して、簡単なジェスチャーやリコーダー発表、作品（習字・図工）の紹介など視覚的な発表も加えました。

⑧発表する子どもたち一人ひとりの表情が良く見えるように、ひな壇を使って行いました。

✪この群読に取り組んで

〈ふりかえり〉の群読発表で大切にしたのは、子どもたちのモチベーションづくりです。卒業式、入学式準備、学習のまとめなど、学年末のせわしなさに流されず、進級への気持ちを高めていってほしいと考えました。

「楽しかった一年間と自分たちの成長を、全校のみんなに伝えよう！　そして四年生に向って力強く進もう！」をめあてに、子どもと教師が協力して準備を進めました。

「クラス練習を積み重ねておいて、学年練習ではその成果を一気に出し切ろう！」「練習時間が少ないからこそ、貴重な全体時間でどんどんいい発表をつくっていこう！」と子どもたちに呼びかけ、練習の機会が限られていることを意識させることで、子どもたちは集中して意欲的に練習に取り組みました。

当日は、全校の前で堂々と群読発表をすることができました。上級生の共感的な雰囲気と懐かしそうな表情、下級生の期待を込めたまなざしを受けた子どもたち。発表する側と聞く側の相互作用で、場のよりよい雰囲気がつくられ、大きな達成感と満足感をわえることが群読発表の楽しさだと実感することができました。進級する喜びと希望を感じることができ、子どもたちによい経験ができました。

チャレンジいっぱい！　楽しかったね三年生！

【指導　寺下真理子・鈴木峻・生越礼・伏見かおり】

✤はじめてがいっぱいだった

伏見　かおり　作・編

〈読み手〉ソロ1～23、1組～3組

1　はじめてがいっぱいだった
全員　三年生！
2　ドキドキした
全員　クラス替え
3　社会で行った
1組全員　町探検
4　図書館
5　スーパー
6　石井牧場
1組全員　モ～（牛の角のジェスチャー）
7　町のことをたくさん知りました
8　理科で育てた
3組全員　カイコ
9　カイコのまゆで人形を作りました（三組代表者が作品を見せる）
10　筆と

11 すみで書いた
2組全員 習字（二組代表者が書初め作品を見せる）
12 えん筆とちがって
13 むずかしかったです
14 田んぼのことを調べた
全員 総合発表会
15 （代表児童のダイジェスト発表1）
これから発表を始めます。わたしはミミズの生活について調べました。

食べ物は、枯れ葉枯れ枝と土に落ちている生ごみや紙です。寿命は半年から三年です。

ミミズを調べて一番びっくりしたのはミミズのフンが土になることです。

これで発表を終わります。
16 （代表児童のダイジェスト発表2）
これからワレモコウについて発表します。

ワレモコウは太陽の光にあてて乾燥すれば治療薬に使われます。

ワレモコウの根を煮て下痢止めにすることもあるそうです。

わたしはワレモコウが治療薬に使われることもあると知って「すごいな」と思いました。

これで発表を終わります。
17 （代表児童のダイジェスト発表3「学んだこと」）
総合発表会を通して、はっきり発表したほうがお客さんに伝わりやすいことが分かりました。

四年生では私の発表で、お客さんがみんな笑顔になれる発表がしたいです。
そして次の三年生がいいところをまねできる発表がしたいです。

18　あこがれだった音楽発表会に出られて
19　うれしかったです
20　私たちの〝新曲〟を
全員　聞いてください
（リコーダー全員合奏）
21　この一年間
22　たくさんのことを
全員　学びました
23　四年生でも、がんばるぞー！！
全員　（こぶしを突き上げて）オー！

六年生の卒業をお祝いしよう！

――心をひとつにインパクトのある贈り物を

鹿児島県　村末　勇介

✿実践のねらい

三月の卒業式を前に、多くの学校では、児童集会などで「六年生を送る会」を実施しているのではないでしょうか。児童会活動の中心となってがんばってきた六年生に感謝のメッセージを贈り、晴れの門出をみんなで祝います。

六年生にとっては、五年生を中心とする下学年の子どもたちへのバトンを手渡す節目の行事であり、下学年の子どもたちには、「これからは、わたしたちが頑張ります。安心して巣立ってください」という決意表明の大事な場でもあります。もちろん、ゴールを迎えるのは六年生ばかりではありません。それぞれの学年の子どもたちは、それぞれの学年のゴールを迎えているのです。

四年生の子どもたちは、ギャングエイジの真っ只中でドタバタと元気に、泣いたり笑ったり、叱られたり褒められたり……と、いくつものドラマを作り出しながら、一年間の旅を続けてきました。

六年生を送る会のメインプログラムは、学年ごとの六分間の出し物です。四年生最後の学年集団の取り組みとして、みんなで心を一つに作品を仕上げ、六年生への喜びのメッセージとともに、成長した自分たちへのエールにもしたいと考えました。

✿実践の手順と留意点

四年生の出し物は、「まつりだ　わっしょい～六年生を送る会バージョン～」としました。

音楽の時間に取り組んだリコーダーの演奏と群読なら、年度末の忙しい時期でも比較的短時間で仕上げられるだろうという見通しのもと、群読の脚本原案をわたしが書き、学年会で全体の構成を考えました。

まずは、代表児童の短いお祝いの言葉。リコーダーの演奏曲は、「オーラリー」。同学年の音楽担当の先生によるピアノ伴奏に合わせて静かにしんみりと。その後、トーンを変えて、群読に移ります。

もとの脚本は、北原白秋原作、家本芳郎脚本の「まつりだ　わっしょい」です。子どもたちに六年生との思い出や印象に残っているシーンを聞き、原案を考えました。同学年の先生の意見を元に修正を加えて、脚本は完成しました。

群読のリズムやテンポを全体で揃えるために、一五分間の学年朝会を使って脚本の読み合わせを行い、後は学級ごとに各パートの役割を分担し、それぞれの学級で練習ができるようにしました。前日、学年合同の学級活動一時間を使って、本番に向けての全体練習を実施。この時間に、群読に関しては発声方法やテンポを揃えること等の助言を行い、仕上げていきました。

迎えた本番は、静かなリコーダー演奏から、元気な群読へと場面転換し、変化とリズムのある発表に六年生も他の学年の子どもたちも、楽しんでくれたようです。

もちろん、無事にやりきった四年生の表情には、達成感と自信が感じられました。

❂この群読に取り組んで

群読は四月の「一年生を迎える会」でも取り組んだのですが、言葉のリズムに心が踊り、一体感を味わえる「集団」つくりにとって、格好の教育活動であると言えるでしょう。

練習を繰り返すたびに、上達していくことが自分たち自身でつかみやすく、それが「感動の共有」につながり、自尊感情を育む、確かな体験として蓄積されていきます。

今回の実践では、自分たちの先輩である六年生を、四年生全員で明るく送り出すことができました。一緒に聴いてくれた他の学年の子どもたちにも楽しさを伝えることができたと思います。

最近、「学力向上対策」が学校現場を席巻しており、その流れの中で、卒業生を送る会などのような、大切にしたい子どもたちの取り組みの場が削られようとしています。本来ならもっと丁寧に取り組みたいのに、その余裕がありません。今の現場実態に迎合するわけではありませんが、「省エネ」路線の選択は現実的対応であることも事実です。

学級ごとに「隙間時間」などを使って練習できる群読の実践は、その中で一つのヒントになるものと思います。

✿まつりだ　わっしょい～6年生を送る会バージョン～

北原　白秋　作／家本　芳郎　編／村末　勇介　改作

〈読み手〉ソロ、アンサンブル、コーラス1、2

〈ノート〉aはみんなに祭りの始まりを告げ、「みんな出てこーい」と呼びかけるように読む。

bは一定のリズムで読みすすめる。その際、bの冒頭の「むこうはちまき」は「(ん) むこうはちまき」のように、弱起で少しだけ間をおいて読み始めるとリズムが取りやすい。

cはそれまでのリズムではなく、各行一拍で読む。○では間をとる。

ソロ	アンサンブル	コーラス1	コーラス2
aまつりだぞー			
	まつりだぞー		
		まつりだぞー	
			まつりだぞー
みこしがでるぞー			
	みこしだぞー		
		くりだすぞー	
		ねりだすぞー	ねりだすぞー
bむこうはちまき			

きりりとしめて			
	わっしょい　わっしょい		
		わっしょい　わっしょい	わっしょい　わっしょい
六年生が			
旅立つときだ	旅立つときだ		
		さびしいけれど	
		よろこびあおう	よろこびあおう
卒業　卒業			
祝いだ　祝いだ	祝いだ　祝いだ		
		わっしょい　わっしょい	わっしょい　わっしょい
桜丘（さくらがおか）の			
西小学校			
	みんなのリーダー		
	かっこよかったぞ		
		わっしょい　わっしょい	わっしょい　わっしょい
しっかりかついだ			
	みんなでつながれ		
		そらもめ　そらもめ	
			そらもめ　そらもめ
まわせ　まわせ			

やさしさいっぱい
ユーモアたっぷり
わっしょい わっしょい
けいきをつけろ
わっしょい わっしょい
そらどけ そらどけ
卒業生の

ぐるっとまわせ
六年生
卒業生
わっしょい わっしょい
わっしょい わっしょい
拍手をしよう
わっしょい わっしょい
みこしがとおるぞ

ぐるっとまわせ
わっしょい わっしょい
わっしょい わっしょい
わっしょい わっしょい
わっしょい わっしょい
わっしょい わっしょい
けいきをつけろ
えがおを送ろう
わっしょい わっしょい
そらどけ そらどけ
未来のために

ぐるっと まわせ
わっしょい わっしょい
わっしょい わっしょい
わっしょい わっしょい
わっしょい わっしょい
わっしょい わっしょい
みこしがとおるぞ

フレフレ六年
みこしだ　みこしだ
わっしょい　わっしょい
わっしょい　わっしょい
c さよなら
さよなら
さよなら
さよなら
○
○
おげんきで

在校生から
フレフレ六年
さよならせんぱい
わっしょい　わっしょい
わっしょい　わっしょい
さよなら
さよなら
さよなら
○
○
おげんきで

フレフレ六年
わっしょい　わっしょい
わっしょい　わっしょい
わっしょい　わっしょい
わっしょい　わっしょい
さよなら
さよなら
○
○
おげんきで

エールを送ろう
フレフレ六年
わっしょい　わっしょい
わっしょい　わっしょい
わっしょい　わっしょい
わっしょい　わっしょい
さよなら
○
○
おげんきで

声を合わせ、声を出し合う応援合戦
――群読を取り入れた対抗戦を楽しもう！

群馬県　塚田　直樹

❂実践のねらい

勤務市では、「縦割り活動」と称する異学年集団でのグループ活動を行っている学校が多くあります。とくに運動会や綱引き大会、長縄大会といったイベントでは、リーダーの学年を中心に、はちまきの色に合わせて「赤・黄・青」や群馬の上毛三山にあやかり「赤城《あかぎ》・榛名《はるな》・妙義《みょうぎ》」と名付けられた団に分かれて対抗戦が伝統となっています。

そして、各イベントでは子どもたちの自主性やアイデアを尊重し、団長を中心とした応援団が組織され、応援合戦を通じて、団結力を披露し合うことも定番となっています。団活動が盛り上がると、リーダー学年の六年生が応援方法を考え、朝の時間や給食の時間を使って下級生に伝達する意欲的な光景も見られます。

この応援合戦に群読を取り入れることで、声を重ね合わせる楽しさを子どもたちと共有し、作り上げた表現活動を保護者や地域の方々にも披露したいと考えました。

❂実践の手順と留意点

特別活動の主役は子どもたちです。リーダーとなる六年生は、毎年その応援方法について考えなくてはなりません。はじめて特活主任となった若手教員から、「応援合戦の手法で悩んでいます」と相談され、「応援歌も盛り上がるけど群読も楽しいよ」と答えたところ、その方法を応援団のリーダーにも説明して欲しいと依頼されました。

そこで、「今年は群読を取り入れて応援をやります」と子どもにもちかけるのではなく、「群読という方法を取り入れることもできます」といったスタンスで、結団式前の準備会議で話をさせてもらいました。

はじめに特活主任より、団のリーダーを引き受けてくれたことへの感謝の言葉があり、これから上級生と下級生とが力を合わせ、全力で仲間を応援し合う団を作っていって欲しいとの期待の言葉かけがありました。

特活主任はさらに、リーダーが仲間づくりや思い出づくりを進んで楽しもうとする前向きな姿勢は、同級生や下級生に波及して、行事の成功だけでなく、よりよい校風を築くことにも大きく役立つと、力説しました。

続いて応援方法の具体例の説明を、特活部員の教員が分担し説明しました。一つは「フレ〜」という応援団風で、もう一つは応援歌で使われることの多い「ゴーゴーゴー」や、「海山歌合戦」（歌詞の二番）の紹介でした。それらに加え、群読を使った応援について紹介しました。

団長（ソロ１）副団長（ソロ２）各行を上下の順に読む

ソロ　１「　　　」　全員「そうだ　そうだ」
ソロ　２「　　　」　全員「いいぞ　いいぞ」
ソロ　１「　　　」　全員「オー！」
ソロ　２「　　　」　全員「オーー！！」
ソロ12「　　　」　全員「オーーー！！！」

「　」には、「白は強いぞ」「白が優勝だ」「勝つぞ」「優勝だ」といった言葉を入れ、ウォーミングアップ風に声出しをしました。

さらに、家本芳郎先生の「まつりだ　わっしょい」（北原白秋原作）をアレンジした脚本サンプルを配布し、ソロを私、アンサンブルを同席した教員、コーラスを子どもたちが担当するかたちで、読み上げながら紹介しました。

運動会だけでなく、他の行事でも応援手法の一つとして、群読の手法を取り入れる団もあり、子どもたちの元気に声を合わせる光景が見られました。

❂この群読に取り組んで

時間がない中で、結団式に向けた事前会議を設定して話し合うという、プロセスを大切にする在り方が、職員にも好評でした。教員が子どもを応援に「取り組ませる」という視点ではなく、応援の仕方を「選択する」「取り入れる」という子どもの主体性を尊重した取り組みとなっていたことが重要なポイントでした。

一つの応援方法の伝達ではなく、数種類をいっしょに提示し、子どもたちに選択権を委ねることで、「おもしろそう」「やってみたい」という反応を引き出すことができた点が評価できると思われます。

✤応援合戦

塚田　直樹　編

〈読み手〉ソロ　アンサンブル　コーラス

〈ノート〉ソロは応援団長。アンサンブルは応援団（六名程度）。赤以外の団も、色にまつわる部分の言葉を考え作成していく。

最後の二行はそれまでのリズムではなく、ソロが「優勝は？」と問いかけ、赤組全員が「赤だ！」と力強く答えて終わる。

ソロ	アンサンブル	コーラス
赤団の応援を始める		
	オスッ！	オスッ！
太陽の色は何色だ？		
	何色だ？	
		赤だ〜！
炎の色は何色だ？		
	何色だ？	
		赤だ〜！
赤は強いぞ〜		
	強いぞ〜	

		強いぞ〜
絶対勝つぞ〜		
	勝つぞ〜	
		勝つぞ〜！
負けないぞ！		
	オー！	オー！
あ、そーれ給食のニンジン		
	赤かった（赤勝った）	
	赤かった（赤勝った）	赤かった（赤勝った）
あ、そーれ夕焼けの色は		
	赤かった（赤勝った）	
	赤かった（赤勝った）	赤かった（赤勝った）
あ、そーれお猿のおしりは		
	赤かった（赤勝った）	
	赤かった（赤勝った）	赤かった（赤勝った）
それっ　赤・赤・赤・赤		
	わっしょい・わっしょい	
		わっしょい・わっしょい
強いぞ・強いぞ		
	わっしょい・わっしょい	

それ・それ・それ・それ

いけ・いけ・いけ・いけ

優勝は？

それ・それ・それ・それ
わっしょい・わっしょい

いけ・いけ・いけ・いけ
わっしょい・わっしょい

赤だ！

わっしょい・わっしょい

それ・それ・それ・それ
わっしょい・わっしょい

いけ・いけ・いけ・いけ
わっしょい・わっしょい

赤だ！

第2章　中学校で活用されている群読

■実践のポイント――

◆◆中学校に広がる群読のバリエーション◆◆

※山口　聡

朝や放課後の部活動、受験を意識した授業など、中学校での群読実践には厳しい現状があります。しかし、そのような状況でも、群読に取り組むことは可能です。工夫して時間を練り出し、生徒のやる気を引き出している四人のすてきな実践を紹介します。

内藤久美子さんはマザーグースを題材に英語群読に取り組みました。音読の練習からスタートし、手拍子を入れてリズムをとるなど、中学生が気後れすることなく群読に取り組むための工夫が随所に見られます。またICレコーダーで録音して意欲を引き出し、生徒たちのアイデアで「加速法」なる新しい技法を考え出しました。

重水健介さんは生徒が日常的に群読を楽しむことをめざして、朝の会で群読を行いました。短い時間のなかでも手軽に群読ができるように、最初は担任が模造紙に脚本を書いて用意し、少しずつ学級の生徒たちの係活動に移行していきます。群読実践としてはもちろん、文化活動と自治的活動が両輪となって発展していく優れた学級づくり実践です。

毛利豊さんは部活動（文芸部の活動）の一環として群読に取り組んでいます。句会を開いてみんなで話しあうこと、俳句の群読を「群唱」することで、文芸部としてのまとまりを強めたいという意図がありました。俳句自体の難しさを認識した上で、難しさを緩和するために、穴埋め式で部員に言葉を考えさせ、脚本づくりに取り組ませるなど、学ぶべき点が多い実践となっています。

露木亜沙美さんは生徒の自主性を最大限に引き出し、文化祭で群読による学級紹介・合唱曲紹介を行いました。中学生の柔軟な発想を上手に引き出し、学級担任の予想を超えるアイデアが生まれます。実際に生徒たちは「マジカル2B」なる連想ゲーム風の群読、ラップ調の群読を創作し、発表しました。

いずれの実践も「醒めている中学生」という先入観を持たず、中学生の自発性・表現力を最大限に引き出す優れた実践であることは間違いありません。

授業じまいを英語群読で
――英語のリズムで楽しく声を合わせる！

香港日本人学校中学部
内藤　久美子

❂実践のねらい

香港日本人学校中学部は全校約二〇〇人の私立学校で、主に駐在員や香港在住日本人の子どもが日本と同じカリキュラムで学びます。卒業を間近に控えた中学三年生の英語の授業で、授業じまい、そして学級全体で取り組めるものとして、思い浮かんだのが群読でした。

日本人学校では高校受験期は生徒が揃わない状況が長く続くことがあります。時にはそのまま卒業式を迎えることにもなります。せめて最後は学級みんなで取り組む活動で、授業を締めくくりたかったのです。

英語で群読をすることは日本語で群読をするよりもハードルが高くなります。発音の構造上、他の人と声を合わせるタイミングが日本語よりもむずかしくなるからです。

そこで、扱う題材は思わず口に出して読みたくなるようなものにしようと、韻を踏み、リズムの楽しさを味わえるマザーグースからもってきました。

今回実践してみた"The House That Jack Built"は、手拍子といっしょに一定のリズムを刻みながら読むことができ、群読でも取り組みやすい題材だと思います。

❂実践の手順と留意点

「さぁ群読を！」の前に、生徒たちが自信をもって英語を読めるようになることが必要です。今回の実践では、はじめから「群読をするよ！」と生徒に投げかけるのではなく、まずは「マザーグースで韻を踏む、リズムを楽しむ英語の音読をしてみよう！」と伝えました。

この"The House That Jack Built"ではThis is the house that Jack builtのように下線が引いてある単語の母音を手拍子をしながら、一定のリズムで読むことができます。文は段々と長くなっていきますが、この一定のリズムで読むことがポイントです。慣れてきたら手拍子を速くし、どれだけ速くスムーズに読めるかタイムを計ったりもしました。

このようにして、題材に十分に慣れ親しんだところで、「グループで楽しく読むための群読を作ってみよう！」と改めて生徒に投げかけました。実際の授業では二時間程度しか使えなかったため、基本的な群読の技法を教えるだけで、すぐに三人一組のグループで生徒たちに脚本を考えさせました。

声をどこで重ね合わせるかなど、グループでアイデアを出し合い脚本を考えていましたが、出来上がった脚本を実際に声に出して読む練習をさせると、生徒たちに「ちょっと合わせづらいね」というような発見があり、脚本をさらに練り直していました。練習まで無事終わったグループは、別室で録音（ICレコーダー使用）を行いました。

そして各グループで作った脚本の中から一つを選び、最後の授業では学級で役割分担をして、学級全員での群読にチャレンジしました。この群読も録音し、その場で全員で聞きました。自分たちの声を聞くと、「〇〇の声だけ目立ち過ぎじゃない？　先生もう一度やったほうがいいんじゃないですか？」と生徒たちから声が上がり、納得のいく作品になるまで、くり返し録音をしました。

❂この群読に取り組んで

実際に声に出して読んだものを録音するということもあり、各グループが工夫を凝らした脚本を考えていました。また、私も思いつかなかった次第に読むスピードを速める（ここでは加速法と呼びます）というアイデアを出したグループがあり、生徒の自由な発想で脚本が豊かになっていきました。

群読を録音するにあたり、学級が一体となって真剣に、なおかつ楽しそうに群読をする生徒たちの姿が印象的でした。録音をみんなで聞くときにも、学級の一体感や温かい雰囲気があり、最高の授業じまいができました。

録音をするなど自分たちの作品が形に残ることは、生徒のやる気を引き出す効果と、生徒が自分の活動を振り返るよい機会になると、今回の実践を通して感じました。

英語群読の脚本はほとんどありません。今後も生徒が楽しめる英語群読を作っていきたいと思っています。

✤ The House That Jack Built
（これはジャックが建てた家）　　内藤　久美子　編

〈読み手〉ソロ１～３の３人、または３グループ

〈記　号〉↓加速読み　脚本③の最終連は３が連続して読むが、１行目より２行目、２行目より３行目と、次第に速く読み、最終行は最大スピードで読む。

〈ノート〉紹介した３つの脚本はすべて生徒作。

◆脚本①

1　This is the house that
全員　Jack built

2　This is the malt
3　That lay in the house that
全員　Jack built

1　This is the rat
2　That ate the malt
3　That lay in the house that
全員　Jack built

1　This is the cat
2　That killed the rat
3　That ate the malt
1　That lay in the house that
全員　Jack built

2　This is the dog
3　That worried the cat
1　That killed the rat
2　That ate the malt
3　That lay in the house that
全員　Jack built

◆脚本②

全員　This is the house that Jack built

1　This is the malt
全員　That lay in the house that Jack built
2　This is the rat
2　That ate the malt
全員　That lay in the house that Jack built

3　This is the cat
3　That killed the rat
全員　That ate the malt
全員　That lay in the house that Jack built

1　This is the dog
1　That worried the cat
1，2　That killed the rat
1，2　That ate the malt
全員　That lay in the house that Jack built

◆脚本③

1　This is the house that Jack built

2　This is the malt
2　That lay in the house that Jack built

2　This is the rat
2　That ate the malt
2　That lay in the house that Jack built

1　This is the cat
1　That killed the rat
1　That ate the malt
1　That lay in the house that Jack built

3　This is the dog
3↓That worried the cat　（以下加速法）
3↓That killed the rat
3↓That ate the malt
3↓That lay in the house that Jack built

【原詩和訳】
これはジャックが建てた家
これはジャックが建てた家に転がっていた麹《こうじ》
これはジャックが建てた家に転がっていた麹を食べたネズミ
これはジャックが建てた家に転がっていた麹を食べたネズミを殺したネコ
これはジャックが建てた家に転がっていた麹を食べたネズミを殺したネコを心配させたイヌ

毎日、朝の会で詩に出会う
――みんなの声で始まる一日！

長崎県　重水　健介

✿実践のねらい

新任の頃、群読教育の第一人者である家本芳郎先生の講座で群読を知りました。その場で群読の楽しさに引き込まれ、さっそく学級でもやってみようと思いました。

しかし、当時の私は学年集会や生徒会役員の決意表明、文化祭の出し物といった集会や行事に群読を取り入れることはあっても、学級活動や担当する数学の授業で群読を扱うことはありませんでした。

そこで、「群読の時間」を特別に設けるのでなく、日常的に生徒たちと群読を楽しみたいと考え、朝の会で行うことにしました。それ以来、学級担任をした年は朝の会に群読を取り入れてきました。

朝の会で群読をやることにした理由は、朝からボンヤリして疲れた表情の生徒が多く、学級全体に集中性の感じられない日が多くあったからです。群読で頭と体を活性化して元気よく一日をスタートしてほしいというねらいからでした。

✿実践の手順と留意点

朝の会には健康観察や日程の確認、提出物の回収など、定番の内容があります。そこに一〜二分程度の「今日の群読」というプログラムをつけ加えました。

「群読はみんなで声を出す楽しい活動です。その場ですぐにできます。朝の群読で元気に一日をスタートしましょう」と呼びかけ、一週間に一つの詩を読むようにしました。

四月は私が作品を選び、二分の一大の模造紙に書いて提示しました。この模造紙を前もって四〇枚程度用意しました。

一枚に一作品を書くとして、年間で三五枚が必要になるからです。その模造紙を重ね、上部をホッチキスで綴じました。そこに棒をあて、テープで固定し、両端に紐を付けて掛け軸のようにしました。必要なページをめくって使うためです。

四月は「出発するのです」（山本瓔子《ようこ》）、「教室はまちがうところだ」（蒔田《まきた》晋治）、「われは草なり」（高見順）「早口言葉のうた」（藤田圭雄《たまお》）、「ことばのけいこ」（与田凖一）などの作品を取り上げ、以下その時期に合った作品を読みました。

斉読からはじめて三週目から、ふたり読みなどの簡単な群読に進みました。題材は既存の群読脚本集から選び、原詩だけの場合は私が脚本化しました。

四月中は教師のリードで群読をし、五月からは「来週の詩をいっしょに選んでくれる人？」「模造紙に詩や脚本を書いたり、群読の進行をしたりする係を募集します。誰か先生と一緒にやってくれる人いませんか？」と誘って、学級の係活動として取り組ませました。教室に群読脚本集や詩集、音読集を数冊置いて、その中から選びました。分読しにくい作品はそのまま斉読しました。

こうした活動を最初は教師といっしょに行い、少しずつ生徒たちで作品選びから進行までできるようにしていきました。

✿この群読に取り組んで

朝の会に群読を取り入れる以前は、みんなで歌を歌っていた時期もありました。同学年に合唱指導の上手な教師がいて、学級で歌わせるよう勧められたこともあり、やってみたものでした。しかし、生徒をうまくのせることができませんでした。

そこで群読にしたのですが、生徒たちにとって、「読む」ことは「歌う」ことよりも抵抗が少ないようで、休み時間のように大きな声で群読に取り組みました。

「来週はどんな詩を読むのですか」と聞く子や、「国語で古典の暗唱テストがあるから、次は『枕草子』にしてほしい」と声をかけてくる生徒も出てきました。

寡黙で声の小さかった生徒が、だんだんと声を出すようになったこともあります。

みんなで読む楽しさにつられて学級の親和感が増し、誰でも気楽に自分を表現できる、そんな学級づくりのきっかけになったと実感しています。

✤先駆者の詩

山村　暮鳥　作／重水　健介　編

〈読み手〉1〜4の四グループ。教室を座席ごとに四等分して読む

〈記　号〉（／異文重層読み

〈ノート〉この詩は中学三年生のクラスで卒業を控えた一月の後半に読んだものである。

1234　先駆者の詩　山村　暮《ぼ》鳥《ちょう》

1　この道をゆけ
2　このおそろしい嵐の道を
1234　はしれ
1234　大きな力をふかぶかと
1　かなたに感じ
2　かなたをめがけ
3　わき目もふらず
4　ふりかえらず
1234　かなたに感じ　かなたをめがけ　わき目もふらず　ふりかえらず
（1　かなたに感じ
（2　かなたをめがけ

（3　わき目もふらず
（4　ふりかえらず／
1　邪魔するものは家でも木でもけちらして
1 2　あらしのように
1 2 3　そのあとのことなど問うな
1 2 3 4　勇敢であれ
1　それでいい

【原詩】

先駆者の詩　山村暮鳥

此の道をゆけ
此のおそろしい嵐の道をはしれ
大きな力をふかぶかと
彼方に感じ
彼方をめがけ
わき目もふらず
ふりかへらず
邪魔するものは家でも木でもけちらして
あらしのやうに
そのあとのことなど問ふな
勇敢であれ
それでいい

（山村暮鳥『風は草木にささやいた』より）

文芸部による「群読俳句」の創作
——群読で発展させる詩歌づくり

富山県　毛利　豊

◎実践のねらい

わが校の文化部の一つに「文芸部」があります。放課後に、読書会や物語・詩歌の創作を少人数で行っています。俳句は月ごとに市の俳句ポストに投稿し、入選作は市の広報に掲載されます。

そこで普通の俳句のついでに群読脚本的な俳句も作らせてみてはどうだろうか、と考えました。追いかけ型、足し算型、引き算型、並列型などの代表的な「型」を教えれば、それに沿う内容の俳句も作れるのではないか、と予想しました。

また、文芸創作はとかく個人活動に陥りがちです。そこで、句会を開いてみんなで話し合うだけではなく、群読的な俳句をみんなで「群唱する」ことは、部のまとまりをいっそう強めるのに役立つのではないか、と期待しました。

◎実践の手順と留意点

まず、群読にふさわしい俳句の「型」を示しました。

【追いかけ型】

全員　小林一茶
　　すずめの子そこのけそこのけお馬が通る
1　すずめの子
2　┌そこのけそこのけ　（┌追いかけ）
3　│　そこのけそこのけ
4　└　　そこのけそこのけ
全員　お馬が通る

【足し算型】

全員　小林一茶
　　雪とけて村いっぱいの子どもかな
1　雪とけて

12　村いっぱいの
全員　子どもかな

【引き算型】
全員　松尾芭蕉
　　静けさや岩にしみいる蝉の声
全員　静けさや
12　岩にしみいる
1　蝉の声

【並列型】※いわゆる「三段切れ」の俳句。
全員　松尾芭蕉
　　梅若菜まりこの宿のとろろ汁
1　梅
2　若菜
3　まりこの宿のとろろ汁

✪この群読に取り組んで

俳句自体が、実はむずかしいのです。五七五のわずか十七音に一つの世界を詠み込み、季語を必ず一つだけ入れ、切れ字のことも考え等々と、多くの決まりごとがあるからです。そこに、群読にふさわしいものにするという内容面の制限が加わるわけですから、むずかしさが増します。

群読に慣れていない生徒や俳句に習熟していない生徒は、困っていました。そこで「穴埋め式」で言葉を補わせることから始めました。ただしAかBに季語を入れます。

全員　（Ａ）くるくるくる（Ｂ）
1　（Ａ）
2　┌くるくるくる
3　│　くるくるくる
4　└　　くるくるくる
全員　（Ｂ）

こうすると、くるくる回るものは何だろうと思いをめぐらせて、楽しんで脚本つくりをすることが出来ました。すると「くるくる」の部分まで自分で考えて変え、別の句に発展させる生徒も出始めました。

俳句より短歌から入るやり方もあるでしょう。短歌には季語の決まりがなく切れ字の使用もゆるやかですが、三十一音五句になる分、分読の仕方に多様性が生まれます。

短いかわりに縛りが多い俳句と、ゆるやかだけど多様性が多くて迷う短歌と、どちらがむずかしいと感じるかは、人それぞれかもしれません。

✤自作俳句の群読

生徒作／編

〈読み手〉1～4の四グループまたはソロ。全員は学級の全員
〈記　号〉┌追いかけ

【追いかけ型】《穴埋め式》

全員　トンボたちくるくるくる目を回す　生徒作品
1　トンボたち
2　┌くるくるくるくる
3　　くるくるくるくる
4　└くるくるくるくる
全員　目を回す

全員　松の種くるくるくる舞い降りる　小暮　千雅
1　松の種
2　┌くるくるくるくる
3　　くるくるくるくる
4　└くるくるくるくる
全員　舞い降りる

全員　サンタさんくるくるくるプレゼント　殿岡　咲樹
1　サンタさん
2　くるくるくる
3　くるくるくる
4　くるくるくる
全員　プレゼント

全員　冬の夜くるくるくる観覧車　山田　恭未
1　冬の夜
2　くるくるくる
3　くるくるくる
4　くるくるくる
全員　観覧車

【追いかけ型】《完全創作》
全員　雷やゴロゴロピカピカ最悪だ　片原　志恵
1　雷や
2　ゴロゴロピカピカ
3　ゴロゴロピカピカ
4　ゴロゴロピカピカ
全員　最悪だ

全員　年末はバタバタバタバタバタ忙しい　　松崎　多聞
1　年末は
2　バタバタバタバタ
3　　　バタバタバタバタ
4　　　　　バタバタバタバタ
全員　忙しい

全員　鐘がなるキンコンカンコン原爆忌　　浮田　航輔
1　鐘がなる
2　キンコンカンコン
3　　　キンコンカンコン
4　　　　　キンコンカンコン
全員　原爆忌

全員　恋桜ひらひらひらひら舞い降りる　　詠み人知らず
1　恋桜
2　ひらひらひらひら
3　　　ひらひらひらひら
4　　　　　ひらひらひらひら
全員　舞い降りる

【足し算型】

全員　コスモスが山と一緒に染まってく　　岩城　愛美
1　コスモスが
1 2　山と一緒に
1 2 3 4　染まってく

【引き算型】

全員　水溜り閉じ込められた冬の月　　中田　美幸
1 2 3 4　水溜り
1 2　閉じ込められた
1　冬の月

全員　夏終わり日焼けのままの麦藁帽　　林　彩夏
1 2 3 4　夏終わり
1 2　日焼けのままの
1　麦藁帽

合唱曲の紹介を群読でアピール
——私たちらしさを存分に表現！

神奈川県　露木　亜沙美

◎実践のねらい

私の勤務校では、文化祭で各クラス、学年ごとに合唱を発表します。それぞれの合唱の前に曲紹介をする場面があります。以前は曲名と指揮・伴奏者名の紹介だけでしたが、近年では寸劇やアカペラ、群読などで曲紹介と共にクラスアピールの場ともなっています。

合唱を練習してきた成果だけではなく、どんなクラス・学年であるかを観客に発表できる機会でもあるのです。

本書では私が学級担任をしたクラスが二年時と三年時に、曲紹介で発表した群読を二つ紹介します。生徒たちの自主性を尊重する学年の方針もあり、曲紹介は教員主導ではなく、代議員（学級委員）が中心となって考えました。

学級担任の私は、相談は受けつつも基本的には生徒たちが作るものを見守るだけでした。二年時も三年時も曲紹介は群読で行うことになりました。二年生では連想ゲーム、三年生ではラップを取り入れた、クラスの個性を表す群読になりました。

◎実践の手順と留意点

①二年時「あとひとつ／ファンキーモンキーベイビーズ」

曲紹介の群読は、「マジカル２Ｂ」に決まりました。

一九九〇年代に人気があったテレビ番組の連想ゲームをもじったネーミングです。「マジカル２Ｂ」から連想される言葉が始まり、最後は曲名の「あとひとつ」につながるように代議員を中心とした有志が言葉を考えました。

最後の言葉に行き着くまでに八ステップできたので、合唱の隊形順で、三人一組の八グループに分け、それぞれの言葉を読むようにしました。

指揮者の手拍子でリズムがとられ、全員で「マジカル２

B、2Bといったら…」と始めると、一番後列の端のグループが「元気！」と受け、「元気と言ったら…」と次へまわします。連想ゲームで言葉がつながるように、発声するグループも隣へ、前へとつながり、最後は指揮者が受け取って曲が始まる構成にしました。

機械的に分けられたグループのため、元気なグループもあればおとなしいグループもあります。せっかくおもしろい群読を創れたのだから、言葉が連想でつながっていることが観客に伝わるようにしようと声をかけました。

②三年時「蕾《つぼみ》／コブクロ」

この年は人前で自分を表現したい生徒の多いクラスでした。文化祭の前に行われた体育祭で、最高学年として下級生をリードした生徒たちは、そのときに見せたノリの良さと団結力をアピールしたいと考えたようでした。

曲紹介の群読は、彼らが典型的だと思う群読の形（卒業式での呼びかけ）を途中で崩してラップを入れ、また元に戻して収束させるという形になりました。

ラップの部分は、「コブクロ」という言葉で韻を踏むようにしました。言葉は学級会でアイデアを出し合い、ソロ発表者を立候補で決めました。ソロが投げかけ、全員で返すという掛け合いです。

当初は「俺らの歌はコブクロ」で終わる予定でしたが、曲名が「蕾」だから咲かせた方がよいのではという意見が出て、後半に「一人ひとりの蕾を開花させます」の部分が付け足されました。練習過程でも生徒たちからさまざまな意見が出て、改良を重ねていきました。

最後は体育祭で行った動きを取り入れ、自分たちを最大限に表現する群読が完成しました。

❂この群読に取り組んで

生徒たちに脚本を任せたことで、脚本つくりから発表まで楽しそうに取り組み、私のイメージを超える作品を作り上げました。三年時には「やらされる群読」から「やりたい群読」への変化を感じました。

私は人を不快にさせる、あるいはその場にふさわしくない行為だけを指導し、あとは任せました。その結果、彼らしさの出た群読で大成功だったと感じています。

反面、生徒たちに自由にやらせることについては、楽しさやおもしろさの追求と、脱線しすぎてしまうこととの線引きに、むずかしさを感じました。

✤二年B組「あとひとつ／ファンキーモンキーベイビーズ」

生徒 作・編

〈読み手〉1〜8の八グループ

全員　マジカル2B
全員　2Bと言ったら
1　元気
1　元気と言ったら
2　赤
2　赤と言ったら
3　太陽
3　太陽と言ったら
4　あつい
4　あついと言ったら
5　夏
5　夏と言ったら
6　サマラン
6　サマランと言ったら
7　八王子
7　八王子と言ったら
8　ファンモン
8　ファンモンと言ったら
全員　「あとひとつ」
学級合唱「あとひとつ」

✿三年B組「蕾《つぼみ》／コブクロ」　生徒作・編

〈読み手〉ソロ1～17と指揮者

ソロ1　楽しかった修学旅行
ソロ2　みんなで協力した体育祭
ソロ3　体育祭でみんな色黒
ソロ4　Yeah!

ソロ5　いつもありがとう
全員　おふくろ
ソロ6　出るぞエアケイ
全員　ユニクロ
ソロ7　最終奥義《おうぎ》は
ソロ8　シャドークロー
ソロ9　教えて～
全員　Yahoo! 知恵袋～
ソロ10　イン・ザ・トーキョー
全員　池袋

ソロ11　キャンプのお供は
全員　寝袋
ソロ12　三年B組
全員　島袋《しまぶくろ》
ソロ13　幸せ詰まった
全員　福袋
ソロ14　俺らの歌は
全員　コブクロ、Yeah!

ソロ15　僕たちはクラスとしてもう一段階成長します
ソロ16　その思いを「蕾」に込めました
ソロ17　これから一人一人の蕾を開花させます
指揮者　OK, everybody. Are you ready?
全員　Yeah!
指揮者　セッツ！
全員　セッツ！　開花！

学級合唱「蕾」

■実践のポイント――

◆◆平和学習や卒業行事に生かされる群読◆◆

＊重水　健介

長崎で六月頃から八月九日の原爆の日に向けて行われる平和教育を、後藤ひろ子さんは「調べてまとめる」作業で終わらせず、学んだことの群読に取り組ませました。その理由を「全員の出番があり、連帯感・団結力を高める」と述べています。また、脚本を再編集して広島修学旅行での平和群読につなぎます。

こうした継続的な指導構想や「憲法九条」「核と原発」などの多様な学習内容は、平和教育の進め方に大きな示唆を与えるものです。

次に卒業関連の三実践です。

木下さやかさんの生徒たちは、入学式から合唱と群読で迎えられ、さまざまな機会で群読にふれます。学期末の総括を各学級が発表する群読集会や群読と合唱のジョイントなど参考になる行事ばかりです。生徒の意見を生かし、全員がソロをとる脚本構成など学ぶ点の多い実践です。

山口聡さんの実践からは、卒業式の群読つくりとともに、生徒の活動がある儀式的行事としても多くを学ぶことができます。一年次から群読を使った各行事を成功させるなかで生徒の抵抗をなくし、教師集団の支持を得て、儀式に厳粛さを求める教師集団の意識を変えていきます。ていねいな段取りのもと、生徒による卒業式練習にも取り組んでいます。

群読を題材に生徒の自主性を育てる行事をどうつくったかという観点で広く推奨したい実践です。

最後は香港日本人学校での内藤久美子さんの実践です。卒業式後の卒業生を祝う会（保護者主催）で発表した学年教師の群読です。

寸劇などの愉快な演目の最後に群読でしっとりと締めるという、変化のある構成が何よりすてきです。内藤さんは、卒業生にふさわしいフレーズから素材を選びました。作品を選択する際の参考になる考え方です。また、外国人教師の負担を軽減する脚本の工夫や、詩文を強調する分読分担や読み手の立ち位置といった演出の知恵など、参考になるものです。教師集団の温かさとチームワークが光る実践です。

長崎・広島で平和への誓い

——修学旅行で「原爆の子の像」の前でも

長崎県　後藤　ひろ子

◎実践のねらい

本校の平和学習は、各学年のテーマの下、班で調べ学習を行い、調べたことを学年の発表会で発表し、夏休みの登校日（八月九日）に行われる平和学習では、その発表内容を五分程度で報告する形式を取っています。

学年の発表会は約四〇分、それを五分で発表するのに、群読はとても有効な手段です。

全員の出番が有り、一人ひとりが大きな声で担当の言葉を堂々と発表し、練習の過程では、連帯感・団結力を高めることができます。

さらに修学旅行で広島を訪れて行う平和集会では、「原爆の子の像」の前で、佐々木禎子《さだこ》さんに呼びかける形にシナリオを再編集して群読を行い、真剣な雰囲気で平和への誓いを新たにしました。

◎実践の手順と留意点

①各班の提言や、感想の言葉などをもとにシナリオ作り

平和学習の調べ学習班は、七班に分かれて行いました。

・佐々木禎子さんのお兄さんの平和活動
・「ノー　モア　ヒバクシャ」と訴えた山口仙二さん
・高校生一万人署名活動
・核兵器の脅威と現状
・核と原子力発電の問題
・憲法９条と非核三原則
・戦争と地球環境

発表会では、各班が調べたことをパワーポイントで発表し、さらに平和な世界作りへの提言を発表しました。群読のシナリオは、是非入れたい言葉を各班から提出してもらい、生徒の発表の中の言葉も用いながら、教師が五分程度

で読めるものを作成し、全員の総意を得て完成しました。

②役割分担

班学習の場面の言葉は班内で役割分担を決め、個人の言葉はその生徒に、それ以外のソロは立候補制としました。ソロの生徒が元気な雰囲気を作り、班や個人担当の生徒も自分の言葉を伝えようと真剣に取り組みました。

③練習の過程

練習では、お腹から声を出すことを注意しながら発声練習から始めました。まず全文を読んで、どこで切って読むかを確認し、個人練習の時間を取り、全体練習を行いました。最終的にはシナリオを見ないで読むことを伝えると、少しずつ顔を上げて言えるようになっていきました。

練習を重ねるごとに、完成度が上がっていくことを生徒たち自身が実感し、教師は生徒の成長を言葉で伝えました。

④発表の工夫

長崎県では八月九日の原爆投下の日を登校日として、長崎の平和公園はもちろん各学校で平和集会が行われます。

「ここ若松中学校の平和集会もみんなの平和を願う真剣な会にしていきましょう」と話をし、発表の出入りから、何度もリハーサルを行いました。背景にパワーポイントで、生徒が発表に使った画像や、強調したい言葉を映し出しました。また、「クスノキ」（作詞作曲／福山雅治）などのBGMも流しました。集会後は、立派にやり遂げたことを讃え、生徒自身も他学年に劣らない発表ができたと実感したのではないかと思われました。

⑤修学旅行で発表

広島は同じ被爆地という意識が高く、その地で、平和集会を行うことは平和学習に大きな効果があると考えます。修学旅行用のシナリオに書き換えると、ソロの立候補者も増え、練習もスムーズに行うことができました。

本番では日本各地の小中高校の生徒、たくさんの外国人の姿、膨大な数の折り鶴を目のあたりにし、平和への思いを共有して、日本中、世界中の人たちが、平和な世界をめざして歩んでいることを実感したのではないでしょうか。

✪この群読に取り組んで

今年、三年生は二年生での経験をもとに、自分たちでシナリオ作りに挑戦しました。練習も一、二度で全員が大きな声を出して完成、大きな成長を感じました。

これぞまさしく、群読による大きな効果だと思います。

✤こんにちは、禎子さん

後藤　ひろ子　作・編

〈読み手〉ソロ1〜7、アンサンブル（小グループ）1〜7の班
〈記　号〉＋漸増　⎡追いかけ
〈ノート〉ソロは各班から一人。またソロの中からリーダー役を一人決めておく。

ソロ1　佐々木禎子さん、こんにちは
全員　こんにちは
ソロ2　私たちは、長崎県五島の若松中学校2年生です。
ソロ3　世界で2番目に原爆を落とされた長崎県民として私たちは、今まで、戦争について、
平和について学んできました。
ソロ4　そして今年、あなたのことを知りました。
ソロ5　それからあのような戦争を二度と繰り返さないために、
＋ソロ6　禎子さんのクラスの友達が立ち上がって、
＋ソロ7　この「原爆の子の像」が建てられたことも。
（間）
1班　ピカのために亡くなったあなた
2班　あの戦争であなたと同じように苦しみを受けた世界中の子どもたち
3班　もっともっとみんなと一緒にいたかったはず

4班　家族と一緒に暮らしたかったはず
5班　そんな願いを込めて鶴を折り続けた禎子さん
6班　私はあなたからあきらめてはいけないことを学びました。
7班　僕は、家族を思いやる優しさを学びました。
ソロ全員　その他にも今年はいろいろなことを学習しました。
3班　禎子さんの思いを伝え続けているお兄さんのこと
4班　命尽きるまで、「ノーモアヒバクシャ」と訴えた山口仙二さんのこと
2班　長崎の高校生一万人署名や平和大使の意義や役割
5班　核の脅威と世界における核の現状
6班　戦争と地球環境
7班　核と原子力発電の問題
1班　憲法九条と非核三原則について
ソロ全員　班に分かれ、学んでいく中で私たちは、「核のない平和な世界を築くために、どう行動するか」考えました。
5班　そのために、まずは身近な所から争いを無くしていこうと思います。
7班　一人ひとりが他人を思いやり、お互いに許し合う広い心を持つこと、
3班　友だちだけでなく、周りの人たちのことも考えて行動すること
ソロ全員　大きな問題だけど
1班　大事なことは関わること
全員　関わること

2班　ボランティア

4班　核問題

6班　平和学習に

ソロ1〜3　みんなが望んでいる平和な日が実現することを信じて、

＋ソロ4〜7　これからも学び、

＋1〜3班　関わり、

＋4〜7班　行動していきます。

ソロ全員　戦争があって、たくさんの人が亡くなり、たくさんの人が傷つき、たくさんの人が苦しんだこと、

12班　たくさんの人が亡くなり、

34班　たくさんの人が傷つき、

567班　たくさんの人が苦しんだこと、

ソロ全員　そして命を削って今年も語ってくださった被爆者の方の思いを私たちは絶対忘れません。

全員　忘れません。

12班　大好きなことができる幸せに

34班　家族と一緒にいられる幸せに

567班　安心して暮らせる今の幸せに

ソロ全員　平和だからある今ある命に感謝して

全員　感謝して

ソロ全員　精一杯生きていくことを誓います
全員　誓います
ソロリーダー　禎子さん、あなたはたくさんの人の心で生き続けています。

※佐々木禎子さん＝一九四三年広島生まれ。
二歳で被爆し白血病のため一九五五年に一二歳で死去。死をいたむ級友たちによって、一九五八年、平和記念公園内に禎子さんをモデルにした「原爆の子の像」がつくられた。

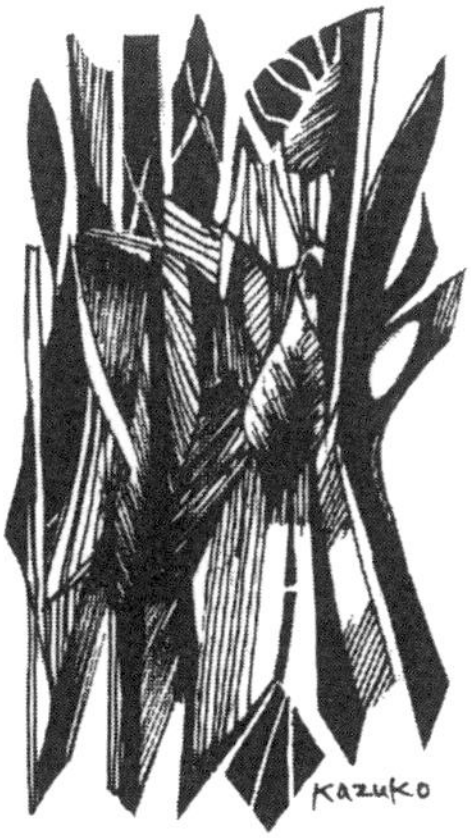

群読と合唱を取り入れた卒業式
——一人ひとりの思いをのせて

神奈川県　木下　さやか

この学年を一年生から三年間担任し、学級活動や行事など、いろんな場面で群読を取り入れてきました。

学期末にクラスの反省をした後、どんなクラスにしていきたいかを群読にして、学年で発表し合いました。クラスの代表者が考えた群読脚本案を、「ここは全員で読もう」「男女交互に読もう」「だんだん読み手を増やそう」など、生徒たちのアイデアで完成させていきました。

文化祭では群読を取り入れた合唱を行いました。広島への修学旅行では、原爆ドーム前での平和集会で、合唱と群読に取り組みました。

これらの文化祭や平和集会での群読脚本は、生徒の思いをもとに教師が作りました。

このようにさまざまな場面で群読を活用して過ごしてきた三年生が、群読と合唱を取り入れて、生徒が主体となる卒業式をめざした実践を紹介します。

✿実践のねらい

私が勤務する中学校は素直な生徒が多く、どんな行事にも活発に取り組みます。校歌も大きな声で歌います。

赴任した年、入学式で群読と合唱を間近に聞き、「この学校で明るく楽しい学校生活が送っていけそうだ」と感じたものです。

そして卒業式も儀式的なものではなく、生徒が作り上げていく行事だと聞きました。自分自身の経験や以前の勤務校での卒業式を振り返ると、「送辞」「答辞」を代表生徒が一人で話し、その後全員で合唱をするという流れがほとんどでした。

しかし、本校では「送辞」「答辞」を「送る言葉」「別れの言葉」と言い換え、内容も代表生徒の話の後、在校生、卒業生それぞれによる群読を取り入れていました。

✪実践の手順と留意点

三年生の学年会で卒業式の内容について話し合い、合唱二曲と代表の言葉と群読で構成することにしました。群読脚本は次のように作っていきました。

この学年は三年間、平和学習に力を入れてきました。一年では横須賀市にある猿島への校外学習。二年では東京都内の第五福竜丸展示館と上野の美術館への班別学習。三年では広島へ修学旅行。

そして特別時間割の中で、神奈川朝鮮中高級学校の先生による「共に生き、未来を創る社会をめざして」という講演を聞き、その中で差別や平和、人権について考えてきました。

だから、卒業式での群読は、ただ単に「卒業」をテーマにしたものではなく、「平和」についても考える内容にしたいと考えました。

講話後の生徒たちの感想文などを読んで、群読のもとになる平和についての文章を考える生徒を選びました。さらに文章の得意な二人に加わってもらい、群読のもとになる原稿を完成していきました。その後、教師も助言しながら群読脚本化していきました。

分読の分担では、全員で読む部分やソロの部分は教師が分け、読み手は各クラスの立候補で決めていきました。

✪この群読に取り組んで

生徒たちは入学式で在校生の歓迎の群読で迎えられ、二、三年生になると入学式で歓迎の群読をし、卒業式では贈る言葉の群読を経験しているので、自分たちの卒業式の群読にも違和感なく取り組むことができました。

読み手を決めるときもどんどん手が挙がり、すぐに決まりました。原文と群読脚本は生徒が考えたと紹介すると、みんな「すごい！」と驚き、自然に拍手が起こりました。

卒業式練習の中で、群読の練習時間はあまり取れませんでしたが、本番でも大きな声が出て、生徒たちが作り上げるいい卒業式になりました。

しかし今回の取り組みは、生徒たちが「やりたい」と言って実現したものではなく、教員の思いだけですすめられていった感じがします。

さらに、また群読かというマンネリ感があるのも事実でした。今後、そこをどう解決していくのかが課題です。

✤卒業式の群読

木下 さやか 作・編

〈読み手〉ソロ1〜39、A組、B組、C組は各組全員で読む。女子、男子は女子全員、男子全員。

全員　三年前
1　希望と不安を胸に
2　中学校へ入学しました
3　豊かな自然の中
4　大きく成長し
5　今、旅立とうとしています
6　いつもそばで支えてくれた
A組　お父さんやお母さん
7　たくさんのことを教えてくださった
B組　先生方
8　温かく見守ってくださった
C組　地域の方々
9　今まで本当に
全員　ありがとうございました
女子　うれしい時

↘

10　いっしょに喜んでくれる友だちが
男子　隣にいた
女子　苦しい時
11　助けてくれる友だちが
男子　そばにいた
12　かけがえのない時間を
13　過ごすことができました
14　仲間とすごした三年間
全員　決して忘れません
15　応援してくれた
16　一、二年生のみなさん
17　ともに歩んでくれたこと
全員　感謝しています
18　次はみなさんが
19　引っ張っていく番です

20　さらによい学校となるため
21　今後も活動してください

22　日本という小さな世界
23　私たちの身の回りは
24　もっと小さな世界
25　そこだけ見ていれば
26　平和なのかもしれない
27　でも広い世界はどうだろう
28　本当に平和なのだろうか
全員　考えてみよう
29　そして、自分の意見をもてるようにしよう
女子　子どもだからって　考えないのではなく
男子　子どもだからこそ　考えよう
全員　未来は　私たちが　作るのだから
30　確かに考えることは小さな一歩
31　でも、その一歩を踏み出すことに
全員　大切な意味がある
32　私たちは

↘

33　それぞれの道を
34　歩んでいきます
35　どんなことがあっても
A組　くじけず
B組　あきらめず
C組　前へ進んでいきます
36　南郷で過ごした三年間は
37　新しい世界に
38　私たちの背中をおしてくれると信じ
39　私たちは今
全員　旅立ちます

送辞・答辞を全校生徒の群読で
――いつでもどこでも卒業式でも

神奈川県　山口　聡

❂実践のねらい

私が現在勤務する中学校には、以前から生徒たちの自主性やアイデアを尊重する校風があります。学級活動や生徒会活動、そして体育祭・文化祭などの行事は、生徒たちの活発な活動で彩られています。

一方で、儀式的行事である卒業式では、卒業生・在校生ともに合唱を発表するものの、一〇分以上にわたる生徒の言葉は、代表者による昔ながらの答辞・送辞でした。その間、式に参加している他の生徒たちは、ずっと静かにその話を聞いているだけです。

教育活動全般にわたって生徒たちの活動を大切にする本校だからこそ、節目の行事である卒業式や入学式も全校生徒の活動が中心であってほしいと常々思っていました。

しかしながら、教職員以上に生徒たちは保守的であり、前年度の流れを変えることに拒否反応を示しがちです。卒業式や入学式への群読活動の導入は、特に生徒たちが違和感なく自然に取り組めるように、時間をかけてていねいに取り組みました。

❂実践の手順と留意点

まずは自分の担当学年から取り組みはじめました。毎秋実施される文化祭では、それまでは演劇や合唱・合奏などを学級単位で発表していました。しかし、私の学年は一学年のときからから学年演劇、学年合唱、学年群読など学年全体で取り組み、学年全体で発表することを大切にしました。このことが、学年全体で活動することへの抵抗感を減らしていきました。

そしてこの学年が三年生＝卒業生となった卒業式では、三曲の「学年合唱」「代表生徒の言葉」を、学年全員による群読の脚本のなかに組み入れるように配置しました。

しかし、まだこの時点では全校に、「群読」という活動が定着していたわけではありませんでした。

翌年から生徒会役員会指導の担当となった私は、卒業式の在校生送辞について生徒会役員と検討しました。前年度と同様に、代表生徒による言葉は時間を短くするがそのまま残し、その前後で在校生全員による群読を取り入れることにしました。

この時点でもまだ「群読」という言葉は使わないようにしました。「群読」という言葉が本校ではなじみがなかったことや、小学校の卒業式での「よびかけ＝群読」に良い印象を持っていない生徒も少なからずいたからです。

「合唱と同じように、言葉も全体で発表する部分を作って卒業生にメッセージを送ろう」――生徒会役員にも、そう投げかけて取り組みをスタートしました。

その年の卒業式のテーマは「旅立ちは始まり」だったので、その言葉を取り入れながら、役員生徒が脚本を作りました。ソロの部分の読み手は、在校生全体に公募して立候補を募りました。また当日の発表だけではなく、卒業式の練習そのものも生徒会役員を中心にして、生徒自身で運営できるように、生徒会役員やソロパートの生徒を集めて、事前に卒業式練習のためのリハーサルも行いました。

✪この群読に取り組んで

卒業式で「代表の言葉＋全体の群読」のイメージを在校生が持つことができたので、その方式は入学式の「新入生を迎える上級生の言葉」でも違和感なく採用されました。

その結果、現在の本校の入学式・卒業式では、群読を取り入れた発表となっています。

また、毎秋に実施している文化祭（合唱祭）では、合唱発表の際の学級・学年紹介や合唱曲の紹介で、群読を採用する学級・学年が増えています。

日本群読教育の会の学習に参加するようになって、さまざまな群読の技法を取り入れたレベルの高い発表に憧れるようになりました。しかし、大切なことは、たとえそれが単純な脚本・発表であっても、群読を通じて生徒たちのなかに心情的な連帯感を育むこと。そして「みんなで活動する喜び」を体験させることです。

文化活動のひとつとしての群読、これからもさまざまな場面で活用していきたいと考えています。

✤旅立ちははじまり

生徒作品／山口　聡　編

〈読み手〉ソロ1～9の九人（在校生全体から公募）
〈ノート〉中学一、二年生全体で卒業式に「卒業生を送る言葉」として発表したものである。

ソロ1　旅立ちははじまり
全員　旅立ちははじまり
ソロ2　旅立ちははじまり

ソロ3　旅立ちの今
ソロ4　スタートラインに立つ
全員　スタートラインに立つ
ソロ5　未来への希望
ソロ6　そして、せまりくる不安
ソロ7　でも、前に進もう

ソロ8　旅立ちははじまり
ソロ9　だから
全員　前に進もう　【代表（生徒会役員）の言葉（BGMのピアノ）の後、合唱「時の旅人」へ】

学年教職員から卒業生へのメッセージ
――巣立つ生徒の前途を祝して

香港日本人学校中学部
内藤　久美子

実践のねらい

香港日本人学校に勤務していた時に、学年職員から卒業生へ贈った群読です。

卒業式の後に、卒業生を祝う会という保護者主催の謝恩会があり、学年職員からの出し物を依頼されました。一年間を振り返る寸劇など、おもしろい内容を盛り込みつつ、最後は学年職員からしっとり群読を贈ってはどうかという話になりました。

生徒たちも卒業式前日の「三年生を送る会」で、後輩に群読を披露したので、その場面を振り返りながら、最後の最後に谷川俊太郎さんの「未来へ」を群読しました。

「未来へ」を選んだのは、「誰もきみに未来を贈ることはできない　何故ならきみが未来だから」の部分が、とくに卒業生に贈るのにふさわしいと感じたからです。そのため、聞いている人に、この最後の部分が印象に残るような読み方になるように脚本を考えました。

卒業式間近、学年職員もラストスパートの忙しい時期でしたので、あまりむずかしい技法は使わず、しかしながら学年職員みんなでこの詩を味わいながら、そして聞いている生徒や保護者にもこの詩の良さを味わってもらえるよう、一つひとつの言葉を大事にすることを心がけて脚本を作り、他の先生たちに読み方の指導をしました。

実践の手順と留意点

学年職員は私を含めて女性三人、男性二人の計五人でした。職員の中におひとり香港人の先生がおり、日本語を話すことができる方でしたが、群読をするのははじめてということでした。負担が大きくならないように、その方の分担は必ず複数で読むような割り振りにしました。

また先生方も出身都道府県がバラバラだったので、単語の発音をどうするか、複数で読む際の各単語のイントネーションなど、短い練習時間の中でも打ち合わせをして、そういう点もそろえて読むように練習をしました。

一番印象に残るようにしたかった最後の部分は、それまで複数で読んできた流れからあえてソロで読むことにして、この一節が際立つようにと考えました。

発表をする際には並び順にもこだわりました。最後にソロを読む先生には五人の真ん中に立ってもらい、最後の一行は少し間をあけてから、一歩前に出てかなりゆっくりと読んでもらいました。

また学年主任の先生と相談し、卒業式当日に配布した最後の学年通信には、「卒業生に贈る詩」ということでこの「未来へ」を載せることにしました。群読を披露したあと、「あぁ、それで学年通信に載っていたんだね」とわかってもらえるよう、唐突な発表にならないようにと、できる限りの工夫もしました。

✪この群読に取り組んで

忙しい中での練習でしたが、卒業生を励まし、喜ばせたいという目標に向かい、学年職員一同で力を合わせて取り組みました。学年職員のチームワークを築くためにも、こんな風に職員で群読に取り組むことは、プラスになるのではないかと思います。

短い練習時間とはいえ、さすがは先生方。卒業を祝う会本番では、学年職員のチームワークの良さをバッチリと披露することができました。

群読の発表が終わると、卒業生や保護者から大きな温かい拍手をもらいました。いっしょに取り組んでくれた他の先生方からも、「うまくいったね、良かったね」と言ってもらいました。

卒業生に贈るための群読でしたが、発表をした私たち教員にとっても、素敵な思い出となりました。

今回は卒業生に贈る群読を企画しましたが、新入生を迎えるとき、また新学年のスタートなど年度のはじめに、職員から群読を披露するというのもよいのではないかと思います。

教員の発表が、群読の取り組みとして生徒たちの中にイメージが残ると、その後のさまざまな場面で群読に取り組みやすくなるのではないでしょうか。

✤未来へ

谷川　俊太郎　作／内藤　久美子　編

〈読み手〉ソロ１～５の五人

1　道端のこのスミレが今日咲くまでに
2 3　どれだけの時が必要だったことだろう
4　この形この香りは計り知れぬ過去から来た

5　遠く地平へと続くこの道ができるまでに
2 3　どれだけのけものが人々が通ったことだろう
4　足元の土に無数の生と死がうもれている

4　照りつけるこの太陽がいつか冷え切るまでに
2 3　目に見えないどんな力が働くのだろう
1　私たちもまたその力によって生まれてきた

5　人は限りないものを知ることはできない
1 2 3　だが人はそれを生きることができる
全員　限りある日々の彼方《かなた》をみつめて

4 5 未だ来ないものを人は待ちながら創っていく
1 2 3 誰もきみに未来を贈ることはできない
（間）
5 何故ならきみが未来だから

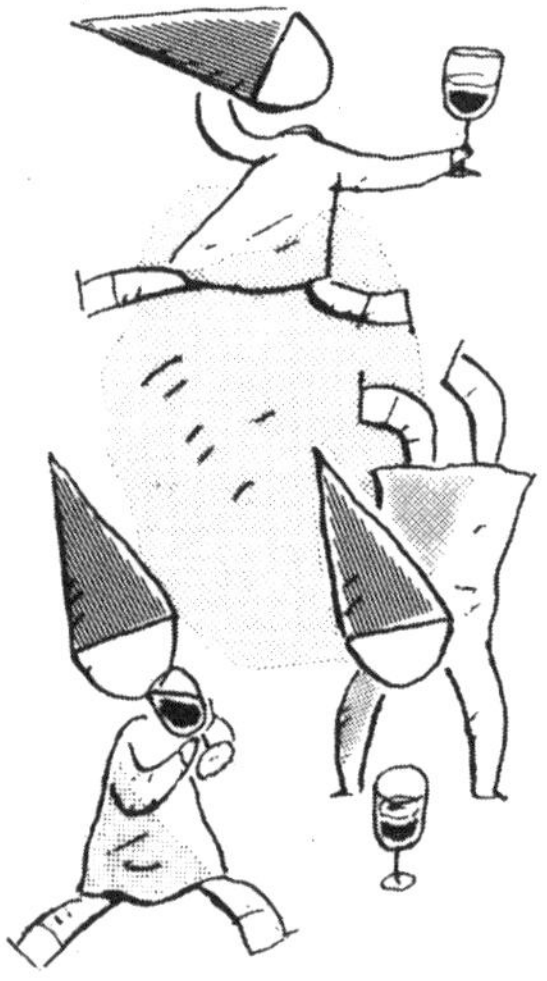

第3章　高校、大学でも活用されている群読

■実践のポイント

◆◆アクティブ・ラーニングにうってつけ◆◆

※重水　健介

　本章では、行事を充実させ学習効果を高めるために群読を活用した高校・大学の実践を紹介します。

　行事では片桐史裕さん指導の高校放送部が発声等の練習にもなる「外郎売り」を素材にした脚本を躍動的に仕上げた実践が書かれています。群読全国大会での発表が意欲づけになり、人間的な成長をも促すという「声を伝える」放送部にふさわしい活動です。

　授業では国語科の杉山ますよさんが外国人留学生対象の日本語学習で、片桐史裕さんが高校国語の古典での実践を紹介しています。「音読は言語の習得に有効」（杉山）、「音声表現は文章理解を促進する」（片桐）という両氏の主張は正鵠《せいこく》を射たもので、脚本化の過程が解釈を深め、交わりの力を育てるという群読の効果を改めて教えられました。

　英語科では、高校の村上真理さんが授業の冒頭で、「勉強モードへの切り替え」に「英文・日本国憲法」の群読を取り入れています。脚本は選挙権年齢の引下げに対応したもので、教科学習と共に社会的な学力も育てようとする、すぐれた意図がうかがえます。

　大学では草薙優加さんが「聞く」「読む」主体の授業に表現活動を組み込むために、英文四〜五行詩の創作とその群読発表を取り入れました。詩作の手順が簡明で、短文のため脚本化もしやすく、中学生から一般まで活用できる実践になっています。

　浅野享三さんは英文群読（Readers Theatre）を通して英会話力の育成に取り組んでいます。発音や抑揚、強弱等を工夫して発表する過程が「相手に伝える力」を育てるという視点は示唆に富むものです。

　アプローチの方法は異なりますが、草薙、浅野両実践から、読み手・聞き手双方の会話力・英語力を育てる授業として大いに学びたいものです。

　本章の授業実践には、教師による知識の教授中心ではなく、学習者の主体的な活動を通して幅広い力を育てるという共通点があります。まさに群読がアクティブ・ラーニングに有効であることを示しているといえるでしょう。

アクティブ・ラーニングの試み
——作品のイメージを群読でひらこう

新潟県　片桐　史裕

◎実践のねらい

音声言語表現をすることにより、文章内容の理解が促進されます。教育学の高橋麻衣子さんは、「発達段階により理解を促進するのは成人においては黙読、児童においては音読であると示している」と述べています（「人はなぜ音読をするのか—読み能力の発達における音読の役割—」教育心理研究61巻、二〇一三）。ところが、授業に表現活動を組みこむのはとても苦労します。

高校古典では、解釈理解の時間が主になり、表現活動を取り入れるのは、後回しになってしまいます。授業で理解した作品について表現することで、その作品世界を感じて自分たちのものにして欲しいのですが、音声言語での表現の時間には練習、発表とステップがあり、発表に生徒たちが慣れていない場合、手間取ってしまって、時間がどんどん足りなくなります。

それらを解決するために、みんなの前に出て発表するという形式を取らず、ボイスレコーダーに吹き込むという「発表」形式を取りました。こうすることで、失敗したら何度でも録音し直すことができ、人前の発表の「恥ずかしさ」からも解放されます。何より自分たちの作品を、自分たちで聞くことができることが重要な点です。

◎実践の手順と留意点

高等学校古典B『更級《さらしな》日記』の「源氏の五十余巻」で群読を行いました。この場面は、作者である菅原孝標女が『源氏物語』をようやく手に入れて、昼夜読みふけり、その物語世界に入り浸って、最高の幸せを感じるというものです。その雰囲気を群読脚本に作り、音声で表現することによって感じようというのが目標です。

六〜七人グループを編制します。脚本はある程度までは私が作りました。最後の部分の脚本が空欄のプリントを配り、「そこの部分の脚本を作ってください」と指示します。一時間の授業内ですべての脚本を作らせて発表させるには、時間が足りないからです。

その後ボイスレコーダーを各班に一台ずつ配り、「録音してみて失敗したら、何度でも録り直してね。その中から班で一番いいと思ったのを教室に流すから」と伝えます。

そして次の五点を評価の観点として黒板に書きました。

①主人公のヲタク感が上手く表現されている。

②声が合っている。

③シナリオに忠実に群読ができている。

④オリジナルシナリオ部分が作品に合っている。

⑤録音技術が上手い。

自分の声を録音して聞くということに慣れていない生徒たちは、⑤の録音について、注意する必要があります。

録音しても、周りの雑音で自分たちの声が消されてしまうのです。一度録音を聞いてみると、みんながレコーダーにかなり近づかないと、きれいな音に録れないことがわかってきます。

❁この群読に取り組んで

生徒たちは活動していくと、時間とともに互いの距離感が縮まっていきました。ボイスレコーダーに近づいて、大きな声を出さないと音が乗らないとわかったからです。

そして、録音の仕方も工夫し出し、机にボイスレコーダーを置いて、それを取り囲んだり、黒板のチョークの粉受けに置いて、黒板に音を反射させて録ったりとさまざまでした。工夫することで生徒たち同士の心理的距離感も縮まったように見えました。

アクティブ・ラーニングの一つの方策として、「子どもたちに活動をさせて、その活動について考えさせる」というものがあります（松下佳世『ディープ・アクティブラーニング　大学授業を進化させるために』勁草書房、二〇一五）。

自分たちが今やっている活動がうまくいっているのか、うまくいっていなかったら、どんな工夫が必要なのかと、生徒たちは絶えず考えていました。まさにアクティブ・ラーニングの活動でした。発表時に前に出なくていいので、他の班の群読や自分たちの群読も冷静に聞けて、互いの表現の違いを比べることができました。

✤「更級日記」源氏の五十余巻

片桐　史裕　編

〈読み手〉ソロ１～６（生徒作脚本はソロ１～７。このように読み手の人数に応じて増減してよい）
〈記　号〉┳ 異文平行読み　§乱れ読み
〈ノート〉後半の原文を記載した部分は各班でシナリオを作った。役割も各班で考え、六人でない班は読み手を工夫した。
主人公の「夢見るヲタク少女感」満載になるよう指示した。
漸増法でようやく手に入れた「源氏物語」を読む時の昂揚感を表し、その後、その盛り上がりを休止させる「ため」を作って、最後の「后《きさき》の……」で声を張ってうれしい気持ちを爆発させる表現にしている。女性の憧れの最高地位である「『后』の位なんて今の気分に比べたら目じゃないわ！」という気持ちがよく表現されていると感じた。

全員　　更級日記　菅原孝標女《すがわらのたかすえのむすめ》　源氏の五十余巻《まき》

１２　　をばなる人の、
３４　　田舎より上りたる所に
５６　　わたいたれば、
１　　「いとうつくしう生ひなりにけり。」など、

234 §あはれがり、めづらしがりて、帰るに、
234 §あはれがり、めづらしがりて、帰るに、
6 「何をか奉らむ。
56 まめまめしきものは、
456 まさなかりなむ。
3456 ゆかしくし給ふなるものを
23456 奉らむ。」とて、
123456 源氏の五十余巻、櫃《ひつ》に入りながら、
12 在中将《ざいちゅうじょう》・とほぎみ・せりかは・しらら・あさうづなどいふ物語ども
34 せりかは・しらら・あさうづなどいふ物語ども、在中将・とほぎみ
56 あさうづなどいふ物語ども、在中将・とほぎみ・せりかは・しらら
2 一袋取り入れて、
3 得て帰る心地のうれしさぞ
4 いみじきや。

【原文】
はしるはしる、わづかに見つつ、心も得ず、心もとなく思ふ源氏を、
一の巻よりして、人もまじらず、几帳の内にうち伏して、引き出でつつ見る心地、
后の位も何にかはせむ。

（以下、生徒作シナリオ）

17　はしるはしる
127　わづかに見つつ
1237　心も得ず
12347　心もとなく思ふ源氏を、
12345　一の巻よりして、
123456　人もまじらず、
1234567　几帳の内にうち伏して、
2　引き出でつつ見る心地、（ゆっくり）
1234567　后の位も何にかはせむ。（声を張って）

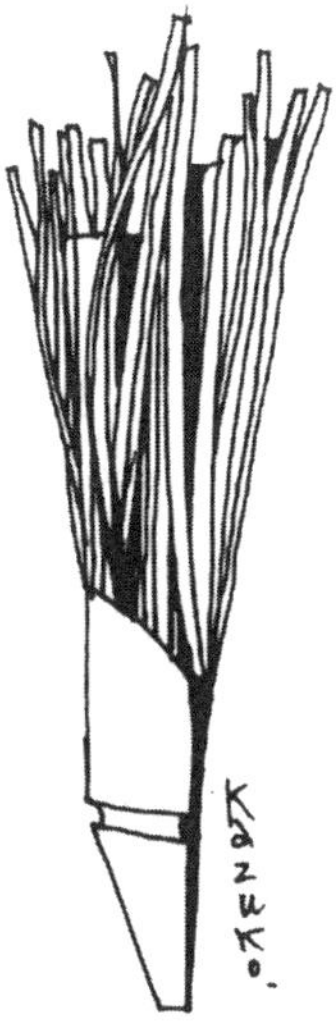

自作英語詩を群読する大学の授業
――詩作と群読で表現力アップ！

神奈川県　草薙　優加

❂実践のねらい

学習指導要領では、学習者自身による英語を使った発信が求められていますが、授業では「聞く」、「読む」の受信活動主体となりがちです。そこで既習語彙を用いて、自らの体験、考え、感情をもとに散文を書き、音声・身体的に表現し、英語による自己表現の楽しさを体感する活動として群読を取り入れました。初心者も取り組める活動です。

❂実践の手順と留意点

①四行詩・五行詩の導入と作詩

詩をつくると聞くとむずかしそうに思えますが、だれでも創作できるのが四行詩・五行詩です。まず小グループをアピールする、四行詩のつくり方を紹介しましょう。

1　性格を表す形容詞の発音と意味を確認します。

2　小グループ内で、自分の性格と好きなことを英語でメンバーに伝えます。

3　全員に共通する要素（形容詞、好きなこと）を選びます。その後、グループ名を考えます。

4　ポスターに、以下の要領で詩を書きます。

1行目　グループ名〈Kalibon〉
2行目　二つの形容詞〈Talkative and friendly〉
3行目　三つの共通点〈Love music, eating, friends〉
4行目　グループ名〈Kalibon〉
※2行目は〈○ and/but ○〉のような表現で。
　〈　〉内は作例。

次に五行詩のつくり方を紹介します。

1　学習者が興味を持つテーマを提示します。

2　以下の五行詩を示しながら、詩のつくり方を説明します。必要に応じて品詞のおさらいをします。

３　各自で作詩します（宿題も可）。
４　小グループ内で作品を紹介しあった後、一つ選びます。
１行目　一つの名詞〈Junior High School〉
２行目　三つの動詞〈Learn, Answer, Read〉
３行目　二つの形容詞〈Useful, Important〉
４行目　文　　〈We are enjoying life〉
５行目　一つの名詞〈Junior High School〉
〈　〉は中学三年生の作詩（西野、二〇〇四）

②脚本づくり

創作した四行詩あるいは五行詩を群読の脚本にしますが、その前に詩を何回か読み、分読や読み手の数による効果を確認します。各グループで脚本づくりを開始し、教員は巡回しながら助言をします。

③発表練習

完成した脚本にもとづき、各グループで練習をします。その際、作品世界を表すために、英語の音声（発音、強勢、抑揚）、声の大きさと速度、ポーズ、声色、表情を考えます。その効果によって脚本を修正するよう助言します。言語内容を補完する動作を加えてもよいでしょう。

④発表と批評・振り返り

全員の前でグループごとに発表し、聴衆から批評コメントをもらい、発表者は振り返りをします。批評・省察は、英語力、創造力、表現力、協調性の観点から行います。

✪この群読に取り組んで

本稿で紹介した自作詩の発表は仲間意識を高め、その後の学習を楽しく円滑に進める効果があります。筆者が関わった英語ドラマ合宿では、初見の学生混合チームのウォームアップとして行い、その有効性が観察されました。

五行詩実践では、①作詩者の朗読と群読を組み合わせての発表、②詩のイメージをスライドに仕上げて、投射したスクリーンの前で発表するなど、音声＋身体＋視覚の異なる表現モードの組み合わせによる発表も試みました。

このような表現活動では、「教科」として捉えがちな英語授業でも、自分自身を言語と非言語で表現できます。また、教室という空間で低く評価されがちな、英語を不得手とする学習者が表現力を発揮できるため、その存在を周囲に認知させる副次効果があります。

さらに教室コミュニティの結束を強め、学習動機を促進する作用があります。

✤英語の短文詩　　草薙　優加　編

〈読み手〉ソロ１～４の４人

★チーム紹介！

全員　Kalibon

1　Talkative and friendly

2　Love music

2, 3　eating

2，3，4　friends

全員　Kalibon

★ Chocolate Candy

1　Chocolate candy

1，2　Colorful, Different

3，4　Pick, Bite, Look

4　You see…They are all the same inside

1　Human Being

★ Love

全員　Love

1　Sweet, Sour

＋2　Beat

＋3　Pop

全員　Melt

3　My heart is

全員　jumping

4　Strawberry

★ Tokyo

1　Tokyo
全員　Loud
2　Cold
全員　Crowd
－4　Dream
－3　Despair
2　I cannot help feeling lonely
1　Tokyo

【注】“Kalibon” は、文教大学・日本大学合同ゼミ「英語ドラマワークショップ夏合宿 2016」参加学生による創作、その他は、西野孝子氏（神田外語大学）が教授した大学生による創作。

【引用文献】西野孝子（2004）『英語の授業づくりアイデアブック 12』三友社

学生の英文理解を深める授業
――英語群読で読解力、共感力を高めよう!

愛知県　浅野　亨三

❂実践のねらい

英語が話せるようになりたいという大学生の願望に、英語会話ではなく英文読解授業を通して応える実践です。ひとり学習ではなくグループで取り組む英語群読（Readers Theatre）により、深い英文理解と自らの解釈を得ます。聴き手と読み手をつなぐ群読が強い共感力を育成します。

❂実践の手順と留意点

①知的水準と興味・関心が適合する物語文を探します。

学習者は大人なので、外国語とはいえ子ども向けの読み物ではなく、知的刺激があると判断できる短めの文を用意します（発表時間に換算して三〜一〇分程度）。

題材は家族、恋愛、友情、結婚、人生など身近で、古今東西を問わず日常的に描かれるものが好まれます。物語文ではなく説明文も脚本にすることは可能です。教科書に多く見られる説明文を利用した実践もありますが、読後により心に響くことを願い、物語文の実践について紹介します。

②深い読解をめざします。

日本語（国語）群読との違いの一つは、学生の内容理解度です。英語群読を準備するために、まず全体の文字通りの意味を理解します。個人で読解した後に、グループで表層的な意味から確認をします。その際に辞書を利用したり、インターネットで検索することもあります。

次に、その作品に込められた著者のメッセージについて、意見交換をします。同時に登場人物の心情や作品の書かれた背景を考慮して解釈を深めます。発表はグループで行うため全員で解釈を統一する必要があるからです。

③音声表現を完成します。

完成度は、聴衆がテキスト文なしで理解できる程度の群読を求めます。正確な単語の発音はもとより、意味を形成するイントネーションやリズム、そしてジェスチャーや表情などの、非言語的な要素も駆使します。

教室での英語群読の特徴は、聴き手も読み手も英語が外国語である点です。ほとんどの学生にとって文字情報ではない発表を聴き取り、理解し、かつメッセージを考えることは容易ではありません。あらかじめ全員が同じテキスト文の理解を進め、発表時にも非言語を多用するのは聴き手の理解を促進するためです。理解が共感につながります。

④社会的な成長を促します。

読解授業時間内ですべての準備が整うわけではありません。学生には授業外の自主的な練習を強く勧めています。しかし、個人の時間割や授業後の予定が異なる状況では、自主練習のための時間確保は困難を極めます。

そこで学生には、調整の過程でも互いに譲歩協力し合う姿勢を求めます。互いの事情を察して思いやることで、協同し助け合うことを体験します。自分の責任を果たし、互いの気持ちを推察することで共感力が育ちます。

✪この群読に取り組んで

①効果＝背景を含めた英文の意味を理解し、学生は自分が音読する英語に安心します。さらに練習を繰り返すことで、安心が自信へ変化するようです。気軽に音読した小学生時代のように、英語群読を通じて声を出す機会に恵まれます。結果として理解が強化され、音読したことばが意味をもち、生きたことばとする経験ができます。

②反省＝学生が心から読みたいと思える作品を常に用意できるかどうか、担当者には日常的な読書量とその質が問われます。英語圏で販売される英語群読用作品は、内容や難度もそのままでは応用しにくいものです。学生の習熟度や学習目的は、担当教師が最も詳しいものですが、教師一人の読書範囲には限度があります。さらに多くの実践者と積極的に情報交換する手立てが必要です。

③今後の課題＝今日の外国語教育では、「英語が話せるようになる」ことが大きな課題です。これまでのリズムや発音を重視するゲームや歌を中心とした取り組みを維持しつつ、一方でことばの意味や話者の心情、そしてそれを伝える非言語コミュニケーションを一体的に学べる英語群読にも出番があると思います。

まずは小学生用脚本を用意することが当面の課題です。

✤ The Unicorn in the Garden from Fables for Our Time

James Thurber 作／浅野 享三 編

〈読み手〉ソロ１～９の９名：１男のナレーション　２男　３妻のナレーション
４妻　５ユニコーンのナレーション　６警察署員のナレーション
７警察署員　８精神分析医のナレーション　９精神分析医
1 Narrator for the man　2 The man　3 Narrator for his wife
4 His wife　5 Narrator for the unicorn　6 Narrator for the police
7 The police　8 Narrator for the psychiatrist　9 The psychiatrist

1 Once upon a sunny morning a man who sat in a breakfast nook looked up from his scrambled eggs to see a white unicorn with a golden horn quietly cropping the roses in the garden. The man

2 went up to the bedroom

3 where his wife was still asleep and woke her.

2 "There's a unicorn in the garden,"

1 he said.

2 "Eating roses."

3 She opened one unfriendly eye and looked at him.

4 "The unicorn is a mythical beast,"

3 she said, and turned her back on him.

1 The man walked slowly downstairs and out into the garden.

5 The unicorn was still there; now he was browsing among the tulips.

2 "Here, unicorn,"

1 said the man, and he pulled up a lily and gave it to him.

5 The unicorn ate it gravely.

1 With a high heart,

2 because there was a unicorn
1 in his garden, the man went upstairs and roused his wife again.
2 "The unicorn ate a lily."
3 His wife sat up in bed and looked at him coldly.
4 "You are a booby,"
3 she said,”
4 and I am going to have you put in the booby-hatch."
1 The man, who had never liked the words "booby" and "booby-hatch," and who liked them even less on a shining morning when there was a unicorn in the garden, thought for a moment.
2 "We'll see about that,"
1 he said. He walked over to the door.
2 "He has a golden horn in the middle of his forehead,"
1 he told her. Then he
2 went back to the garden to watch the unicorn;
5 but the unicorn had gone away.
1 The man sat down among the roses and went to sleep.

3 As soon as the husband had gone out of the house, the wife
4 got up and dressed
3 as fast as she could. She was
4 very excited
3 and there was a gloat in her eye. She telephoned the police and she telephoned a psychiatrist; she told them to hurry to her house
4 and bring a strait-jacket.
6 When the police
8 and the psychiatrist
6, 8 arrived they sat down in chairs and looked at her, with great interest.
4 "My husband,"
3 she said,
4 "saw a unicorn this morning."

6 The police
7 looked at the psychiatrist
8 and the psychiatrist
9 looked at the police.
4 "He told me it ate a lily,"
3 she said.
6 The psychiatrist looked at the police
8 and the police looked at the psychiatrist.
4 "He told me it had a golden horn in the middle of its forehead,"
3 she said.
6 At a solemn signal from the psychiatrist, the police leaped from their chairs and seized the wife.
6, 8 They had a hard time subduing her,
3 for she put up a terrific struggle,
6, 8 but they finally subdued her. Just as they got her into the strait-jacket,
1 the husband came back into the house.

7 "Did you tell your wife you saw a unicorn?"
6 asked the police.
2 "Of course not,"
1 said the husband.
2 "The unicorn is a mythical beast."
9 "That's all I wanted to know,"
8 said the psychiatrist.
9 "Take her away. I'm sorry, sir, but your wife is as crazy as a jaybird."
6, 8 So they took her away, cursing and screaming, and shut her up in an institution.
1 The husband lived happily ever after.

All Moral: Don't count your boobies until they are hatched.

『ユニコーンが庭にいる！』イマドキの寓話より

（原作　ジェームズ・サーバー／和訳　浅野享三）

ある朝のことでした。男が一人で食事中に架空の動物であるユニコーン（一角獣）がいるのを見つけて、二階で就寝中の妻に知らせるところからこの話は始まる。男が「ユニコーンが庭でバラの花を食べている！」と興奮して妻に告げたものの、妻はユニコーンが「架空の動物である」として取り合わなかった。

落胆して庭に出た男は、まだいたユニコーンに今度は自分でユリの花を餌として与えた。興奮した男はそのことを再び妻に知らせるべく二階へ駆け上がった。妻は「頭が狂ったの」、「施設に入ってもらう」と冷たく言い放った。すがすがしい朝にも関わらず、きつい言葉を浴びせられた男は、「今に見てろ」と捨て台詞を残して庭へ戻った。しかし、この時ユニコーンは見当たらなかった。

一方で妻は急いで着替えをすませ、何か悪だくみでも思いついたかのように警察と医者を呼んだ。男を拘束するための装置も持ってくるように求めた。しばらくして駆け付けた警察署員と精神分析医に「夫がユニコーンを目撃した」と告げた。それだけではなく夫が「ユリの花を食べさせた」と語ったことも話した。「ユニコーンの額からは金色の角が生えていたそうよ」と妻は続けた。

黙ってこの話を聞いていた警察署員と精神分析医は、持参した拘束装置を嫌がる妻に身につけさせた。ちょうどその時、男が帰宅した。待っていた警察署員が男に「あなたはユニコーンを見た、と奥さんに言いましたか」と尋ねた。男は「もちろんそんなものは見てはいない」と答えた。「だってそれは架空の動物だろ」と男が答えるや否や、精神分析医は「それだけお答えいただければ十分ですよ」と応じた。

「奥さんは気が狂ったようですね。お気の毒に！」というと、警察署員に命じて、妻を施設に収容させた。その後男は幸せな日々を過ごしたとさ。

教訓：油断大敵＝ひなはかえるまで計算できない。

（ばかは収容されるまで気を抜くな。）

留学生と日本語表現を楽しむ
――いろいろな国の人と豊かさ多様さで交流

東京都　杉山　ますよ

❂実践のねらい

この授業は留学生に日本語のおもしろさ、表現の豊かさなどを詩や小説などを通して学んでもらうために、二〇〇八年に企画したものです。以前、あるワークショップに参加し、そこで詩をグループで読むという体験をしました。同じ詩なのですが、グループによって読み方や表現方法が違っていることを興味深く感じました。また身体表現を取り入れているグループもありました。見てもやっても楽しく、参加者のユニークな発想にも驚かされました。

そこで、詩などをグループで相談して、発表することは言語の習得にもいいのではないかと思いつきました。

その理由は三つあります。

一つ目は詩や小説などから日本語を学び、それを使って群読することはインプットしたものをアウトプットするので、効果的だと思ったからです。

二つ目はさまざまな国の学生が共通言語の日本語で話し合い、意見を調整して一つの作品を作るという問題解決の過程でコミュニケーション力のトレーニングになることです。

三つ目は読み方などを話し合う過程で、お互いの発想の違いに気づき、学びながら交流できるからです。

❂実践の手順と留意点

大学では一コマの授業を一期一五回で構成します。毎週一回九〇分の授業で行います。最初の一、二回は、私が教えたりCDを聞かせたりしながら読み方を紹介します。

取り上げる教材は、生きる（谷川俊太郎）、あるけあるけ（鶴見正夫）、出発するのです（山本瓔子）、なぜ（やなせ　たかし）、いのち（小海栄二）、雨ニモマケズ（宮沢賢治）、なのだソング（井上ひさし）、ないないづくし（谷川俊太郎）、へんなまち（島田陽子）などです。落語や短編小説などを取り上げることもあります。学期によって扱う作品は一部入れ替えます。

私が受け持つ学生は、多くの国から来日し、それぞれ性格も異なり、話し合いや発表が苦手な学生もいます。

そこで授業はじめの一五分を早口言葉やシアターゲームなどのアクティビティを取り入れたウォーミングアップをします。リラックスさせ、人前で声を出したり演じたりするのが恥ずかしくなくなるようにするためです。

ウォーミングアップ後は、五～六人のグループになり、一つの詩について三〇～四〇分間、どのように読むか相談します。その日の教材（詩や小説など）は事前に学生に渡しておき、当日すぐ話し合えるように内容理解も含めて、読み方を考えてくることを宿題とします。

学生が話し合っている間、教師は各グループを周り、日本語、また内容についての質問、読み方の相談を受けます。三〇分後に各グループが発表します。発表後は感想を述べます。その後「振り返りシート」に、各グループや自分のグループのパフォーマンスについて感想を書きます。

❂この群読に取り組んで

学生は毎回の授業で振り返りを書いています。また学期末には授業に対するアンケートをとります。

「群読なのでチームで、ディスカッションの時はおもしろかったです。皆のアイデアは、自分の考えつかないアイデアが出てきておもしろかったです」「同じ作品なのに表現方法がいろいろありますね」「一つの作品をまとめるのは考えを明確に伝える努力をしないと、まとまらないことに気づきました。大変でしたが勉強になりました」というようなコメントもあります。

毎回感じるのは、学生の想像力の豊かさ、多様さです。グループによってチームワークがすばらしく、活発に意見が出ることもあれば、出ない場合もあります。時には教師が助言することもありますが、見守っていると、発表間近になって急に意見が活発化し、作品をまとめることも多々あり、どの段階でサポートするのか、毎回悩みます。

でも、この授業では学生同士が楽しそうに日本語を使って学んでおり、その様子から、教師として教材や学生への支援の仕方を考える励みとなります。

✤雨ニモマケズ

宮沢　賢治　作／杉山　ますよ　編

〈読み手〉ソロ1～6の六人
〈記　号〉＋声のたしざん　「追いかけ

全員　雨ニモマケズ　宮沢賢治
1　雨
2　風
3　雪
4　雨にも
5　風にも
6　雪にも
全員　雨にも負けず　風にも負けず　雪にも負けず
全員　負けず
1　夏の暑さにも負けぬじょうぶなからだを持ち
2　欲はなく
3　決していからず
4　いつも静かに笑っている
5　一日に玄米四合とみそと少しの野菜を食べ

６　あらゆることを自分をかんじょうにいれずに
１４　よく見聞きし、
＋２５　分かり
＋３６　そして忘れず
１　野原の松の林の小さなかやぶき小屋にて
（間）
１　東に病気の子どもあれば
２３　行って看病してやり
４　西に疲れた母あれば
２３　行ってその稲の束を負い
５　南に死にそうな人あれば
２３　行って怖がらなくてもいいと言い
６　北にけんかやそしょうがあれば
２３　つまらないからやめろといい

１　日照りの時は **涙を流し**（太字部分は４５６も一緒に読む）
２　寒さの夏は **おろおろ歩き**（　〃　）
３　みんなに **でくのぼーと呼ばれ**（　〃　）
１２３　ほめられもせず

456　苦にもされず
1　日照りの時は涙を流し
23　寒さの夏はおろおろ歩き
4　みんなにでくのぼーと呼ばれ
5　褒められもせず
6　苦にもされず
（間）
全員　そういうものに　わたしはなりたい。
1　雨
2　風
3　雪
4　雨にも
5　風にも
6　雪にも
全員　雨にも負けず　風にも負けず　雪にも負けず
全員　負けず（大きく）

憲法前文の英語群読にチャレンジ！

——高校生の主権者教育の一環として

静岡県　村上　真理

実践のねらい

朝のホームルームや休み時間の後、勉強モードに切り替えさせるのはなかなかむずかしいものです。英語の授業では最初に前回学習した部分の一斉音読をしますが、ここで授業への気持ちの切り替えと確実な復習ができるように、この活動に勢いがあってほしいと思っていました。

そこで群読によって表情筋と脳を活性化させて教科書文に移れば、メリハリある音読活動になるのではと考えました。

そのころ、選挙権年齢等の満一八歳以上への引下げに対応し、学校での政治や選挙等に関する学習内容の充実のため、総務省と文科省連携の『私たちが拓く日本の未来』が勤務校でも紹介されました。そして改めて教育基本法の理念である、「我が国の伝統と文化を基盤として国際社会を生きる日本人の育成」の指導充実のよびかけがありました。

この選挙は憲法改正が争点の一つでしたが、高校生の多くは憲法を真剣に読んだことがなく、憲法に関心を持たせるために英語科でどのような指導ができるかを考える中で、『みんなの群読脚本集』（高文研）に日本国憲法前文の群読脚本が載っていたことを思い出しました。ここの英語を脚本化し、音読の活発化と国際社会を生きる日本人を育てることをめざした活動に取り組むことにしました。

実践の手順と留意点

憲法記念日に向けて、担当する一年生三クラスを対象に実践しました。四月のこの時期の授業は、中学校と違った形態や教科担当教員に対する緊張感もあり、堅苦しい雰囲気の中で進みます。群読もはじめての試みです。

そこで授業開始時には、「声を出しあう文化的な活動をしましょう。楽しく抑揚のある音読ができるようになるために大切な活動です」と呼びかけ、「まもなく憲法記念日です。皆さんは憲法を読んだことがありますか」と付け加え、日本国憲法前文の脚本を用いて日本語で群読の楽しさを覚え、そして大きな声が出るようになることをめざして取り組みました。

回を重ねて慣れてきたところで、「みんなはグローバル化する世界を生きる日本人です。憲法を英語で言えたらいいですね。どのような英語になるでしょう」と言って英語の群読に移っていきました。英語はむずかしいという意識から声が小さくなりがちですので、はじめに中学校で勉強した文法が用いられた部分を取り出して復習し、英文も分かり易いことを実感させるようにしました。

また、原文と照らし合わせながら、少し高尚な語彙や表現を獲得することに興味を持たせて、音と意味を結びつけていきました。こうして授業開始時にいつも、「声の文化活動をしましょう」と呼びかけて継続していきました。

英文の脚本は、ソロの箇所が意味を意識しながら一気に言える長さとなることに留意して四グループ用にし、各文の出だしが弱々しくならないように文頭を全員のパートに、最後の英文には漸増法を取り入れて徐々に盛り上げ、「恐怖と欠乏から免れ、平和のうちに生存するため」の句は全員で強調する形にしました。

✪この群読に取り組んで

実践のねらいは群読によって音読を活発化させることでしたから、日本語で群読のおもしろさを知ることから始めましたが、英語の群読では集中力が高まりました。群読に慣れた現在は、教科書教材の一斉音読の後に群読用にアレンジしたもので、語法や語彙の定着を図っています。

「英語ができる日本人」＝「グローバルな日本人」ではありませんが、憲法を英語で読めたという達成感やグローバル人材へと成長したいという意識は、学習に対する意欲や関心に繋がることを再認識しました。選挙前には上級生の授業で主権者教育の一環として、憲法前文の群読を日本語と英語の両方で実施しました。「グローバル人材の育成」への試みとして、特別活動等での実践も検討しています。

年度はじめの新一年生は行事が多く、慌ただしく過ぎる中でクラスのまとまりがまだできていません。声を出し合う活動は、こうした一体感や仲間意識を育てる手段の一つとなることと、言葉の持つ力の大きさを実感しました。

✤日本国憲法前文より（英語バージョン）

村上　真理　編

〈読み手〉ソロ１～４の４グループ、または４人

〈ノート〉最後の一行はソロ３と４の担当箇所をくり返し、全員で強調して締めくくる。一文を意味のまとまりで区切っているので、読み手は担当箇所で完結しないように、語尾を心持ち弱めて読み繋げる。

全員　Preamble of the Constitution of Japan
全員　We, the Japanese people, desire peace
１　for all time
全員　and are deeply conscious of the high ideals
１　controlling human relationship,
全員　and we have determined to preserve
１　our security and existence,
２　trusting in the justice
３　and faith of the peace-loving peoples
４　of the world.
全員　We desire to occupy an honored place
１　in an international society
２　striving for the preservation of peace,
３　and the banishment of tyranny and slavery,
４　oppression and intolerance
全員　for all time from the earth.
１　We recognize that
＋２　all peoples of the world have the right
＋３　to live in peace,
＋４　free from fear and want.
全員　to live in peace, free from fear and want

放送部が開会イベントで「外郎《ういろう》売り」

――群読で新潟を紹介、アピールしよう！

新潟県　片桐　史裕

✿実践のねらい

二〇一五年七月二五日に日本群読教育の会第一四回全国研究集会新潟大会が開催されることが決まったのは、開催日の約一年前のことでした。

私は前任校の新潟中央高等学校で放送部の顧問をしていました。声を伝える放送部の活動をしているのだから、声の文化活動の群読大会開催を生徒たちに協力してもらって、成功させたいと思いました。

放送部の発声の練習といえば、歌舞伎の演目の中に登場する「外郎売り」の台詞があります。二〇一四年の新潟県高等学校放送コンクールの交流会で、私が作った「外郎売り」の群読を五人で演じました。とても迫力のあるいい群読でした。この「外郎売り」を、群読新潟大会のオープニング群読として放送部全員で披露したいと思いました。

✿実践の手順と留意点

群読「外郎売り」は普段放送部員が練習して演じているので、それほどむずかしくはないと思いましたが、単に「外郎売り」では芸がないと思い、新潟に来てくれる方々に新潟を紹介しようと、「外郎売り」に出てくる言葉を、似ている新潟の地名や名産などに置き換えて、次のように脚色しました（太字参照）。

> 一つへぎへぎに　**へぎそば**　**いごねり**　盆豆盆米盆ごぼう
> 粉米のなまがみ 粉米のなまがみ こん粉米の**コシヒカリ**
> ホホぅ敬って **群読**はいらっしゃりませぬか

部員二二名で行うためには、変化を付けなければならないと思い、三つの班に分け、各班に見せ場を持って来て、

最後に全員で声を合わせクライマックスとすることにしました。

披露するステージが、学校の体育館のステージの約三分の一と、それほど広くありません。各班が前に出て自分たちのパートを演ずるには、移動が重要になります。前の班にぶつからず場所を交換し、タイミング良く演じ出さなければなりません。その移動の練習を学校の体育館で何度も行いました。

また、班の練習は、班のリーダーが指導し、タイミングを合わせるように何度も行いました。群読新潟大会の直前に、私はＮＨＫ杯全国高校放送コンテストの引率で学校を空けなければならず、練習を見ることができなかったのですが、班ごとに責任をもって練習をしていました。

◎この群読に取り組んで

学校外の人たちに自分たちのパフォーマンスを披露する機会はそれほどあるものではありません。せっかくの機会のこの大会で、たくさんの人たちに歓迎の気持ちを伝えることができました。部員たちには大きな自信になったと思います。

また大会当日、部員たちはオープニングだけでなく、いろいろな準備をし、分科会に参加して一般の参加者に気配りをし、後かたづけまでしました。

学校外の人と触れ合っていくなかで、部員たちは本当に気配りができるようになり、大会実行委員の人から、「この一日でずいぶんと成長したね」という言葉をもらいました。

大会一年前の段階では、果たして大会は上手く開催できるのか？　と思っていましたが、放送部員たちの熱心な練習と、大会を成功させようという気持ちで、素晴らしい大会になりました。部員たちに感謝しています。

✤群読売り

片桐　史裕　編

〈読み手〉ＡＢＣの三チーム、各チームは1から5のパートで構成

〈記　号〉┌追いかけ　＋漸増　－漸減　＝＝前後の文をつなげて読む

〈ノート〉オリジナル「外郎売り」をもとに脚色したものである。
太字はゆっくり大きく間をとって、歌舞伎で「見栄」をきるように読む。《　》内は演じ方。

【チームＡ】センター前にいる。他は後ろに下がっている。

部長　本日は『日本群読教育の会第一四回全国研究集会新潟大会』にお越し頂きありがとうございます。歓迎の意味を込めまして、私たち、新潟中央高校放送部総勢二二名が、歌舞伎十八番『外郎売り』の台詞を素材にした群読をご披露いたします。新潟を紹介するために、新潟の地名、グルメ、観光地を折り込んでアレンジして群読にいたしました。是非お聞きください。

1～5　拙者親方《せっしゃおやかた》と申《もう》すは、お立合《たちあ》いの中《うち》にご存知《ぞんじ》のお方《かた》もござりましょうが、

お江戸《えど》を発《た》って二十里上方《にじゅうりかみがた》、

5　相州小田原《そうしゅうおだわら》、一色町《いっしきまち》をお過《す》ぎなされて

2　青物町《あおものちょう》を登りへおいでなさるれば、

4　万代橋虎屋藤右衛門《ばんだいばしとらやとうえもん》

3　只今《ただいま》は剃髪《ていはつ》致して

1～5　円斎《えんさい》と名乗りまする。

3　元朝《がんちょう》より大晦日《おおつごもり》までお手に入れまするこの薬は昔、ちんの国の唐人《とうじん》（間）
1〜5　群読
3　という人、わが朝《ちょう》へ来たり。
1〜5　帝《みかど》へ参内《さんだい》の折《おり》からこの薬を**深く**籠《こ》め置き、
5　用《もち》うる時は一粒《いちりゅう》ずつ冠《かんむり》の隙間《すきま》より取り出《いだ》す。
3　依《よ》ってその名を帝より
2　とう
4　ちん
3　こうとたまわる。即《すなわ》ち文字《もんじ》には
2　「頂《いただ》き
4　透《す》く
3　香《にお》い」と書いて（間）
1〜5　「とうちん香《こう》」と申す。
3　只今はこの薬殊《こと》の外世上《ほかせじょう》に広まり、方々《ほうぼう》ににせ看板を出《いだ》し
1 2　**イヤ**小田原の、
4 5　灰俵《はいだわら》の、
1 2　さん俵の、
4 5　炭《すみ》俵のと
3　いろいろに申せども平仮名《ひらがな》をもって（間）
1〜5　「ぐんどく」と記せしは親方（間）家本《いえもと》ばかり。

3　もしやお立合いの中《うち》に湯沢《ゆざわ》か六日町《むいかまち》へ湯治《とうじ》にお出なさるか、又は白山《はくさん》御参宮《ごさんぐう》の折りからは必ず、

1〜5　**お門違《かどちが》いなされまするな。**《首を振る》

1　お登《のぼ》りならば右の方《かた》、《左手を脇に九〇度ぐらい挙げて指す》

5　お下《くだ》りなれば左側、《右手を脇に九〇度ぐらい挙げて指す》

234　八方《はっぽう》が八つ棟《むね》《思い思いの方向を指さす》

1〜5　表が三つ棟、《三本指を立てた腕を前に出す》(間)

3　玉堂造《ぎょくどうづく》り、破風《はふ》には、菊に桐《きり》のとうの御紋《ごもん》を御赦免《ごしゃめん》あって

1〜5　**系図《けいず》正しき薬でござる。**

【チームB】前へ出てセンターへ登場　【チームA】後ろへ下がる

3　いや最前《さいぜん》より家名《かめい》の自慢ばかり申してもご存知ない方には、正身《しょうじん》の胡椒《こしょう》の丸呑《まるの》み、白河夜船《しらかわよふね》、さらば一粒《いちりゅう》食べかけて、その気味合《きみあ》いをお目にかけましょう。《言い訳っぽく》

3　**先《ま》ずこの薬を**かように一粒舌《した》の上にのせまして腹内《ふくない》へ納《おさ》めまするると、イヤどうも言えぬは、

4　胃

2　心《しん》

5　肺

1　肝《かん》が

1〜5　すこやかになりて薫風喉《くんぷうのんど》より来たり口中《こうちゅう》微涼《びりょう》を生《しょう》ずるが如《ごと》し。

1　魚鳥《ぎょちょう》

5　茸《きのこ》

2　麺類《めんるい》の食い合わせ、

4　その外万《ほかまん》病《びょう》

1～5　速効《そっこう》ある**事神《ことかみ》の如し**。

3　**さてこの薬**、第一の奇妙《きみょう》には、舌のまわることが銭独楽《ぜにごま》がはだしで逃げる。

1 5　ひょっと舌がまわり出すと、矢《や》も盾《たて》も**たまらぬじゃ**。

3　**そりゃ　そりゃ**そりゃ、そらそりゃまわってきたわ、まわってくるわ。《だんだん早くなる》

3　アワヤ喉《のんど》、サタラナ舌に、か牙《げ》サ歯音《しおん》、ハマの二つは唇《くちびる》の軽重《けいちょう》、開合《かいごう》さわやか**に**、（間）

1～5　あかさたなはまやらわ。おこそとのほもよろを。

5　一つへぎへぎに　へぎそば　いごねり　盆豆《ぼんまめ》盆米盆ごぼう

1　摘《つ》み蓼《たで》つみ豆村上茶《むらかみちゃ》。書写山《しょしゃざん》の坂戸城《さかどじょう》。

4　粉米《こごめ》のなまがみ　粉米のなまがみ　こん粉米のコシヒカリ

2　繻子《しゅす》　ひじゅす　繻子　繻珍《しゅちん》。

3　親も知らず　子も知らず　親知らず

2 3　子知らず

＋4　子知らず

＋1 5　親知らず

1～5　佐渡金山《さどきんざん》の金の古切口《ふるきりくち》、雨合羽《あまがっぱ》か番合羽か、

3　貴様《きさま》のきゃはんも八海山《はっかいさん》、《ひとさし指を前へ指す》

1 2 4 5　我等《われら》がきゃはんも八海山、《おや指を自分に指す》

1　笹皮団子《ささかわだんご》の笹団子を、三針はり長《なが》にちょと縫《ぬ》うて　ぬうて　ちょとぶんだせ、

2　長岡花火野石竹《のぜきちく》、のらのっぺい、のらのっぺい、三《み》のらのっぺいに、六《む》のらのっぺい。
4　一寸先《ちょっと》の佐渡おけさに、おけつまづきゃるな、信濃川にどじょにょろり。
5　柳都《りゅうと》の生鱈《なまたら》　佐渡ぶりカツ丼、ちょと四五貫目《しごかんめ》。
3　お茶立ちょ茶たちょ　ちゃと立ちょ　茶立ちょ、
25　お茶立ちょ茶たちょ　ちゃと立ちょ　茶立ちょ、
14　お茶立ちょ茶たちょ　ちゃと立ちょ　茶立ちょ、
3　黒埼茶豆《くろさきちゃまめ》で、
1〜5　お茶、ちゃと立ちゃ。
【チームC】「来るは来るは（乱れ読み）」と言いながらセンターへ登場　【チームB】後ろへ下がる
1〜5　§ **来るは来るは来るは来るは来るは**
3　何が来る、
45　弥彦《やひこ》の山のおこけら小僧《こぞう》。
12　狸《たぬき》百匹・朱鷺《とき》百羽
1〜5　日本酒百杯・ポッポ焼き八百本。
1　ル・レクチェ　ル・レクチェ　三《み》ル・レクチェ　合わせてル・レクチェ六《む》ル・レクチェ。
2　ル・レクチェ　ル・レクチェ　三ル・レクチェ　合わせてル・レクチェ　六ル・レクチェ。
3　ル・レクチェ　ル・レクチェ　三ル・レクチェ　合わせてル・レクチェ　六ル・
レクチェ。
4　ル・レクチェ　ル・レクチェ　三ル・レクチェ　合わせてル・
レクチェ　六ル・レクチェ。

5　ル・レクチェ　ル・レクチェ　三ル・レクチェ
合わせてル・レクチェ　六ル・レクチェ。

3　岩牡蠣《いわがき》　岩牡蠣　三《み》岩牡蠣　合わせて岩牡蠣　六《む》岩牡蠣。
2　麦《むぎ》ごみ　麦ごみ　三麦ごみ　合わせて麦ごみ　六麦ごみ。
4　あの燕《つばめ》の洋食器は誰《た》が洋食器ぞ。
1　向こうの油揚《あぶらげ》は荏《え》の油揚か真《ま》油揚か、
5　あれこそ栃尾《とちお》の油揚。
1〜5　がらぴいがらぴい鯛車《たいぐるま》。
—5　おきゃがれこぼし
—4　おきゃがれ小法師《こぼうし》、
—3　ゆんべもこぼして
—2　またこぼした。
5　たあぷぽぽ
1　たあぷぽぽ、
4　ちりから
2　ちりから
3　つったっぽ。
45　たっぽ
12　たっぽ
1〜5　南蛮《なんばん》エビ。

3　落ちたら煮《に》て　食《く》お、煮ても焼いても食われぬ物は、
234　五徳鉄弓《ごとくてつきゅう》酒呑童子《しゅてんどうじ》に、
1〜5　石熊《いしぐま》・石持ち・虎熊《とらぐま》・虎きす、
3　中にも浦佐《うらさ》の毘沙門堂《びしゃもんどう》には、茨木童子《いばらぎどうじ》がうで栗五合《くりごんごう》、つかんでお蒸《む》しゃる、彼《か》の頼光《らいこう》の**膝元去《ひざもとさ》らず**。

【「膝元去らず」でチームA、チームBが前へ出て、三チームそろう】

ABC　**鮒《ふな》**・**金**柑《きんかん》・椎茸《しいたけ》・さだめて後段《ごだん》な、そば切り・そうめん・うどんか、愚鈍《ぐどん》なイタリアン。（間）

《間・足踏みの合図で》

A　小新発田《こしばた》　小出《こいで》の　小須戸《こすど》の　小新《こしん》に　小比叡《こびえ》がこ有るぞ、小平方《こひらかた》　こ持って　こ掬《すく》って　小栗山《こぐりやま》、
B　小新発田　小出の　小須戸の　小新に　小比叡がこ有るぞ、小平方　こ持って　こ掬って　小栗山、
C　小新発田　小出の　小須戸の　小新に　小比叡がこ有るぞ、小平方　こ持って　こ掬
って　小栗山＝

Bの3　＝**おっと**合点《がてん》だ、心得《こころえ》たんぼの新潟・長岡・上越・魚沼《うおぬま》走って行けば
Aの3　やいとを擂《す》りむく、三条《さんじょう》ばかりか胎内《たいない》・佐渡市・糸魚川《いといがわ》市や、
Cの3　阿賀野《あがの》の宿《しゅく》を七つ起《お》きして（間）
Bの3　**越後《えちご》**「**ぐんどく**」とうちん香《こう》　隠《かく》れござらぬ　貴賤群衆《きせんぐんじゅ》の
ABC　花の越後の花ぐんどく、あれアルビレックスを見てお心《こころ》を（間）
B　うら、がわ、らあっ　という
ABC　産子《うぶこ》　這《は》う子に至るまで　此《こ》のぐんどくの御評判、御存知ないとは申されまいまいつぶり、
AB　角《つの》出せ

BC　棒《ぼう》出せ

ABC　ぼうぼうまゆに、臼《うす》・杵《きね》・すりばち・ばちばち　**ぐわらぐわらと**

B　羽目《はめ》を弛《はず》して今日《こんにち》お出《いで》の何茂様《いずれもさま》に、

AB　上げねばならぬ、

BC　売らねばならぬと、

B　息勢《いきせい》引《ひ》っぱり　東方世界《とうほうせかい》の薬の元締《もとじ》め、

ABC　薬師如来《やくしにょらい》も照覧《しょうらん》あれと《台本を左脇に挟んで手拍子の準備》

Bの3　ホ**ホぅ**敬《うやま》って　**ぐんどくは**

ABC　《手拍子二拍》いらっしゃりませぬかー。

第4章　地域で広がる群読の輪

■実践のポイント――

◆◆子どもから大人まで、各地で広がる群読活動◆◆

※山口　聡

群読は教室・学校内にとどまらず、地域の活動や市民活動・生涯学習にも広がり始めています。

中山香代さんは、公民館等で行なわれる放課後学習教室で群読に取り組みました。複数の子どもたちが集まる放課後の時間に、教室同様に子どもたちが群読を楽しむ機会を作り出しました。子どもが群れて地域で遊ぶことが少なくなっていることが危惧されている昨今、群読活動を通じて子どもを結び、子どもたちの交わりをつくりだした優れた実践です。

加藤征子さんは公民館の講座で群読を知ったシニアメンバーと一緒に、群読の同好会を立ち上げました。月二回の学習会以外にも発表の場を設定し、参加者が持ち寄った文学作品から群読脚本を創作するなど意欲的な活動を続けています。最初は声が出ない参加者も、同好会の活動を通じて、自信をもって発声できるようになります。このことは、群読が生涯学習の有効な手段であることを示しています。

海上和子さんは市民朗読講座を発展・継承する形で地域に群読学習会を展開しています。シニアの参加者が取り組みやすいように、各自が事前に作品を読み込んでくること、詩の読み取りの共有や朗読練習に力点を置いていること、発声の基本を大切にしていることなど、今後の広がりが期待されるシニアの活動に参考になる事項が多い実践です。

石田俊輔さんは沖縄の歴史的な人物「尚巴志」を広く紹介する事業で群読を活用しました。演じ手は、日常的に小学校で「読み聞かせ」をしているお母さんたち。アマチュアの発表とは言え、聴衆を満足させ、演じ手にも達成感がある素敵な発表となりました。石田さんの実践は、地域の活動や市民活動で群読が容易に採用できることを物語っています。

四氏の脚本には「難しい技法を多用しない」「平易な文章の作品を扱う」「一定のリズムで読める」という共通点があり、そこに「まず、群読を楽しむ」という温かい意図を感じます。今後もさらに群読が地域に広がることを願ってやみません。

放課後学習教室で昔話を楽しもう
——役になりきり、みんなでリズムにのって！

大分県　中山　香代

✿実践のねらい

地域の大人が、学校や地域の施設で学習等を手伝うことが増えています。公民館等で行われる放課後学習教室で群読が使われたら楽しいのではと思い、脚本を作りました。

子どもたちは、宿題など思い思いに自分の課題に取り組みます。宿題の一つにある音読。国語の教科書の中から指定されたページや、自分の読みたい話を選び、家で音読し、聞いてもらったら保護者のサインをもらうのです。

放課後学習教室でも、「先生、ここ読むから聞いて」と私たちのそばに来て読み、聞いてもらったら満足して別の学習に取りかかります。二、三人が一度に来る時は待ってもらうのですが、小さな声で読みながら待つ子たちは、いつの間にか一つの輪になり、一文ごとに読み始めます。小さな声で、お互いを見ながらニコニコ楽しそうです。いっしょに読んでいる空間が、子どもたちにとって心地よいものなのでしょう。その姿を見るたび、音読が上手になってもらいたいという気持ちよりも、友だちと読むことを楽しいと感じる人であってほしいという思いが膨らんできます。

群読は、子どもたちがいっしょになって読むことを楽しめる活動です。目の前の子どもたちに楽しんでもらえる脚本をと考えて、思い浮かんだのは、「おむすびころりん」のような昔話でした。配役を決めれば出番に変化が出ておもしろいし、リズムにのれば読みやすいと考えたからです。

子どものころ、家族に読んでもらった昔話のリズムの心地よさは日本語独特のものです。リズミカルな言葉の並ぶ脚本であれば、餅つきのように掛け合いが楽しめます。昔話のリズムも味わってほしいという願いを込めて、言葉を選びました。

✿実践の手順と留意点

最初は無理に人数を集めず、音読コーナーに群読のプリントを置き、コーナーに来た子に「宿題の音読が終わったら、この昔話も読みませんか」と誘い、大人が読み聞かせます。この時、子どもの横に並び、どこを読んでいるかわかるように、脚本の文字を指で追いながら読みます。子どもは大人の声に耳をすませ、じっと指先の文字を見ます。

役に合わせて声やスピードを変えて読むと、子どもたちにはよりわかりやすくなります。一枚目を読み終わって、「脚本の読み方わかった？」と聞くと、ほとんどの子がうなずきます。「二枚目からいっしょに読もう、どの役がいい？」と聞くと、読みたい役を選ぶ子が多く出てきます。

選べない子には、ナレーターをすすめることから始めるようにします。子どもは最初のうちは、役になりきる余裕がないので、大人がオーバーに読むと次第に真似する子が出てきます。間違っても無理に止めず、最後まで読むことが大事です。読み終わってから「読みにくい所はなかった？」と聞くと、自分で間違った箇所をいうことが多いので、言葉の区切りに線を書くことや、「そこだけ、いっしょに読んでみようか」とおさらいすることをお勧めします。

脚本を読んでいる姿を見て周りの子が集まってきたら、その時に誘って人数を増やします。脚本の読み方は、先に読んでいた子に説明をしてもらうと、子どもの言葉で伝わるので、わかりやすくなります。

「囲炉裏って知ってる？」「やまんばってどんな顔なんだろうね」と問いかけ、語彙のイメージを膨らませ、話の様子を少しずつ思い描いていくことを大事にします。

✿この群読に取り組んで

音読でいつも言葉がつかえるAさん。群読脚本をみて「むずかしい」と避けるのではと不安でしたが、大人が読みだすと途中からいっしょに声を合わせてきました。

あまり多くをしゃべらないBさんに、ナレーターを選んだ理由を尋ねると、「ナレーターが一番多いから（出番が）」と返事が返ってきました。

Cさんは、脚本を持ち帰って家で練習してきていました。全員で群読するまでには、もう少し道のりがありますが、「読みたい」「読むのが楽しい」という気持ちをもっと育てたいと強く感じました。

✤三枚のおふだ～日本の昔話より～

中山　香代　編

〈読み手〉ソロ４人（ナレーター、小坊主、和尚、やまんば）
〈記　号〉═バックコーラス
〈ノート〉古老が子どもたちや孫に読み聞かせているイメージでゆっくりと読む。
四拍のリズムで読み進めるが、★の行はリズムにとらわれずに読む。

ナレーター　むかあし　むかしの　そのまた　むかし
ある山　寺のー　小坊主さん
くりをー　ひろいに　行きたくて　ゆるしを　こうため　おしょ（う）さんに
小坊主　おしょ（う）さん　おしょ（う）さん　お願いです
山へー　行かせて　くださいな
和尚　山はー　あぶない　おやめなさい
小坊主　行かせて　ください　おしょうさん
くりをー　ひろって　きたいのです
和尚　やまんば　出るぞ　食われるぞ
小坊主　それでも　くりをー　ひろいたいー
ナレーター　小坊主　さんが　だだこねて
なくなく　ゆるすー　おしょうさん
三枚　おふだを　取り出して
小坊主　さんの　ぶじ祈る

和尚　困った　ことが　あったなら
おふだを　取り出し　願いなさい
きっとー　助けて　くれるじゃろう

ナレーター　おふだを　胸にー　小坊主さん
いそいそ　山へー　くりひろい

小坊主　くりだよ　くりだー　くりだらけ
いっぱい　ひろうぞ　日暮れまで

ナレーター　夢中で　ひろって　歩いて　いると
あたりは　すっかり　日が暮れて　いつのー　まにやら　山おくへ

小坊主　困った　困った　困ったなー
だれかが　住んで　いないかなあ

ナレーター　まわりを　ぐるっと　見わたすと
遠くに　見える　火の　あかり
そおっと　近づき　のぞき見る　なかには　おばあさん　ひとりだぞ

小坊主　おばあさん　おばあさん　おばあさん
道にー　まよって　困っています　ひと晩　泊めて　くださいな

やまんば　いいとも　おはいり　さあどうぞ
囲炉裏の　そばへ　おいでなさい
ゆっくり　休んで　いきなさい

ナレーター　囲炉裏の　そばで　小坊主さん
うつらー　うつらと　ねてしまう
夜中に　なってー　目がさめて

やまんば　土間をー　のぞいて　びっくり　ぎょうてん
口から　キバ出す　やまんばが
包丁　ゆっくり　といでいる
シュッシュッ　シュッシュッ　シュッシュッ　シュッシュッ
小坊主　きょうはー　ごちそう　うまかろう
小坊主　まるのみ　食ってやる
たいへん　たいへん　やまんばだ
急いで　逃げねば　食われるぞ
ナレーター　知恵をー　しぼった　小坊主さん
やまんばに　向かって　こう言った
小坊主　★おら、おら、小便がしてえ
やまんば　そんなら　迷子に　ならぬよう
つなでー　結んで　連れて行こう
ナレーター　便所に　入った　小坊主さん
つなをー　ほどいて　柱に結び
おふだを　一枚　はりつけた
小坊主　おふだよ　おふだ　たのんだぞ
おらのー　代わりに　答えてくれろ
おふだに　まかせて　小坊主さん
ナレーター　小屋から　逃げ出し　いちもくさん
やまんば　小僧よ　まだか　まだ　まだか　（←　やまんば）
小坊主　まだじゃあ　まだじゃあ　もう少し　＝小僧よ　まだか　まだまだか

やまんば　小僧よ　まだか　まだ　まだか　（← やまんば）
小坊主　まだじゃあ　まだじゃあ　あと少し　＝小僧よ　まだか　まだまだか
ナレーター　しびれを　切らした　やまんばが
便所の　中に　入ってみると
ナレーター　小坊主　さんの　すがたなし
＊和尚以外　小坊主　さんの　すがたなし
やまんば　こぞうめ　よくもー　だましたな
ナレーター　怒りー　くるった　やまんばは
髪ふり　みだし　追いかける　（← やまんば）
小坊主　大変　大変　やまんばだ　＝髪ふり　みだし　追いかける
急いで　逃げねば　食われる　髪ふり　みだし　追いかける
ナレーター　走りを　止めずに　小坊主さん
二枚目の　おふだを　取り出して
小坊主　おふだよ　おふだ　たのんだぞ
大きな　川を　作ってくれろ
ナレーター　大きな　川が　流れだし
やまんば　行く手を　はばまれる
やまんば　こんなー　川など　たやすいものよ
いっきに　わしがー　のみほしてやる
ナレーター　川を　のみほし　やまんばは
きばをー　むき出し　追いかける　（← やまんば）
小坊主　大変　大変　やまんばだ　＝きばをー　むき出し　追いかける

ナレーター　急いで　逃げねば　食われるぞ
　　　　　　　　　　　　　　　　　　　　　　＝きばをー　むき出し　追いかける
　　　　　　必死に　逃げる　小坊主さん
小坊主　　　さいごの　おふだを　取り出して
　　　　　　おふだよ　おふだ　たのんだぞ
　　　　　　火の山　作って　助けてくれろ
ナレーター　大きな　火の山　あらわれて
　　　　　　やまんば　行く手を　はばまれる
やまんば　　さきほど　のんだ　川の水
　　　　　　火に吹き　かけて　消してやる
ナレーター　大きな　大きな　火の山も　あーっと　いう間に　なくなった
　　　　　　おふだは　もうない　どうしよう
　　　　　　必死に　走る　小坊主さん
　　　　　　見えてー　きたのは　お寺の　あかり
小坊主　　　おしょ（う）さん　おしょ（う）さん　おしょうさん
　　　　　　助けて　ください　おしょうさん
和尚　　　　おうおう　やっと　帰ったか
　　　　　　何をー　そんなに　あわてとる
小坊主　　　きばをー　むき出し　やまんばが
　　　　　　このお寺　まで　追ってきます
和尚　　　　おうおう　そうか　やまんばか
　　　　　　おまえは　かくれて　みていなさい
　　　　　　わしがー　話を　してやろう

ナレーター　小坊主　さんを　追いかけて
とうとう　やまんば　やってきた
やまんば　やい、やい　おしょう　小僧出せ
和尚　わしのー　望みを　かなえたら
小僧を　おまえに　くれてやる
やまんば　いいだろ　わかった　言ってみろ
和尚　おまえの　変化《へんげ》を　見せてくれ
やまんば　そんなー　ことなら　たやすいものよ
ナレーター　言ったー　とたんに　やまんばが
大入道《おおにゅうどう》に　早変わり
和尚　たいした　ものだ　やまんばよ
だがなあ　やまんば　豆粒ほどに
小さい　ものには　なれまいな
やまんば　そんなー　ことなら　たやすいものよ
和尚　たいした　ものだ　やまんばよ
これなら　わしでも　つかめるのう
ナレーター　言うがー　早いか　和尚さん
小豆を　ひょいと　ひとつかみ
あっつい（熱い）　おもちに　くるんでまるめ
ふうふう　言って　食べたとさ（最後はゆっくり）

シニア世代が楽しむ群読
――多摩群読同好会の活動の歩み

東京都　加藤　征子

✪実践のねらい

多摩群読同好会は、二〇〇九年から一一年にかけて、東京都多摩市関戸公民館で三回行われた「群読講座」を契機として発足しました。重水健介氏を講師に迎え、毎回たくさんの参加者が熱心に学びました。

この受講者の中から、今後も続けて群読を学びたいという希望者が公民館を動かして、公民館主催で月二回の「群読アフタースクール」を、二〇一〇年一〇月から翌年九月まで開講しました。講師は私が務めました。

この一年間が終わった後、アフタースクールのメンバーが、これからも続けていきたいということで、「多摩群読同好会」を二〇一一年一一月に会員二七名でスタートさせました。講師は続けて私が受け持ちました。

会員の中から世話人を選出し、会費、謝礼、会場の部屋の取得、教材の印刷など、すべて自主運営で活動しています。

月二回の勉強日のほか、市民企画講座「群読を楽しむ」を二〇一三年、一五年の二回、また地域ふれあいフォーラムや、日本群読教育の会全国研究集会での群読発表などを行ってきました。

会員は五〇～八〇歳代の男女（男性が少ないのが残念）です。会員の中にはそれぞれの地域で高齢の方々の介護や、子どもたちへの読み聞かせなど、いろいろな活動をしている方がいます。その活動の中で群読をいっしょにしたり、聞かせたりしています。

✪実践の手順と留意点

月二回の勉強日（二時間）は、同じ教材で行っています。ですから、金曜（午前）か水曜（午後）のどちらかに出席すればいいのですが、二回とも出席する会員もいます。

学習の進め方は、まずは声のウォーミングアップです。起立して両足を肩幅に広げ、両手を挙げて、「あー」「いー」「うー」「えー」「おー」を、息の続く限り声を出します。次に「発声・発音テキスト」を使い、発音練習、早口言葉、正しいアクセントの読み方練習などをします。

教材テキストは、詩（ふたり読み、ソロ・アンサンブル・コーラス、多人数読み）、物語、古典、随筆などから私が作成、選択しています。

学習会の最後は三、四人のグループを作り、詩を群読にして発表会もします。会を重ねるうちに、だんだんといろいろな技法を使い、グループ内の男女・声の大小・声の質を考えて創作するようになりました。グループの数だけ作品ができますが、どれもよく、「みんな違ってみんなよい」と私は思うのです。

会員の中には、自分が見つけた詩や物語、随筆を群読脚本にしてほしいと言ってくる方、あるいは脚本化してくる方もいます。私の提示した群読作品を、「こんな風に作り変えたけど、どうだろうか」と示す方もいます。

ここで紹介する小学唱歌「虫の声」は、会員のHさんが脚本化したものを教材としてみんなで読み、他の会員がいろいろな意見を出して作り上げたものです。意見の中で、虫の声「チンチロチンチロチンチロリン」などは、ついメロディーをつけて読んでしまうので、虫の声はメロディーをつけて読もうということになりました。

このように、私はより良いと思う読み方や分読分担が見つかると、作り変えることがよくあります。それでよいと思っています。

✪この群読に取り組んで

「多摩群読同好会」は七年目になりました。会員の努力で会員も増えています。当初は主に、学校教育の現場で広がっていった群読でしたが、最近はシニアの方々の中で人気です。

群読の良さは、まず大きな声を出せるということです。また、一人で読むのではなく、複数の人と声を合わせて読むので、いっしょに活動する仲間ができることです。

最初は声が出ないと言っていた人も、終わるころには大きな声で談笑しています。このような意味で、シニアの方々にはとくに有効な活動だと思うようになりました。

✤小学唱歌「虫の声」より　虫のシンフォニア

加藤　征子　編

〈読み手〉ソロとコーラス1、2
〈記　号〉［追いかけ
〈ノート〉ソロは二〜三人で読んでもよい。
　太字の虫の鳴き声の部分はメロディをつけて読む。

ソロ　　　　あれ　松虫が　鳴いている
コーラス1 2　チンチロ　チンチロ　チンチロリン
ソロ　　　　あれ　鈴虫も　鳴き出して
コーラス1 2　リンリン　リンリン　リーンリーン
ソロ　　　　秋の夜長を　鳴き通す
コーラス1　　ああおもしろい
　全員　　　虫の声
ソロ　　　　あれ　こおろぎが　鳴いている
コーラス1 2　キリキリ　キリキリ　キーリキリン
ソロ　　　　あれ　くつわ虫も　鳴き出して
コーラス1 2　ガチャガチャ　ガチャガチャ　ガーチャガチャ
ソロ　　　　あとから　うまおい　おいついて

コーラス1 2　チョンチョン　チョンチョン　スイッチョーン
コーラス1　チンチロ　チンチロ　チンチロリン
コーラス2　リンリン　リンリン　リーンリーン
コーラス1　キリキリ　キリキリ　キーリキリン
コーラス2　ガチャガチャ　ガチャガチャ　ガーチャガチャ
ソロ　秋の夜長を鳴き通す
コーラス2　ああおもしろい
全員　虫の声
ソロ　チンチロ　チンチロ
コーラス1　チンチロリン
コーラス2　チンチロ　チンチロ　チンチロリン
ソロ　リンリン　リンリン
コーラス2　リーンリーン
コーラス1　リンリン　リンリン　リーンリーン
ソロ　キリキリ　キリキリ
コーラス1　キーリキリン
コーラス2　キリキリ　キリキリ　キーリキリン
ソロ　ガチャガチャ　ガチャガチャ
コーラス2　ガーチャガチャ
コーラス1　ガチャガチャ　ガチャガチャ　ガーチャガチャ

ソロ　　　チョンチョン　チョンチョン
コーラス１　スイッチョーン
コーラス２　チョンチョン　チョンチョン　スイッチョーン
ソロ　　　秋の夜長を　鳴き通す
コーラス１２　ああおもしろい
全員　　　虫の声

朗読から群読へ―静かに心の声を聴きながら

―横須賀・逸見《へみ》群読の会の歩み

神奈川県　海上　和子

❂実践のねらい

日本群読教育の会の創設者・家本芳郎先生が主宰された「市民朗読講座」から発展した、横須賀市の「逸見群読の会」を引き継いで一五年たちました。五〇代から八〇代の男女、約一五名の会です。

当初は、主に『新版　楽しい群読脚本集』（高文研）を教材とし、その他に出版されている本から逐次作品を選んで練習してきました。その後、会員の要望と自身の勉強をかねて、「平家もの」なども練習しました。

会員の中には、学校や地域の「読み聞かせ」にかかわっている方もおり、教材を持ち寄ったりして運営しています。

練習作品は、次の三つの観点から選んでいます。

・ユーモアがあり、リズムにのって読むことができ、読みながら元気が湧き出る詩
・民話や童話
・日本語の美しさやリズムを感じ取れる古典に近い作品

三年前、「風色の草花画展」を観に行った折、画家荒崎良和氏の絵とお兄様で金沢在住の荒崎良徳氏の合作詩画集『花菩薩《はなぼさつ》』を手にしました。

やさしく穏やかな野の花の絵と、ほっと安らぎと勇気を与えてくれる詩の本でした。

そして、その中の詩の一篇「無事是貴人《ぶじこれきじん》」に出会いました。他の作品もそうですが、宮沢賢治の詩に通ずる何かが感じられ、早速、朗読の教材として自分自身の勉強に使ったり、会員に紹介したりしました。

詩の構成から群読脚本化して読んでも、深く詩の内容を読み取れるのではないかと思いました。

そこで脚本にして例会で練習を重ねていきました。

✪実践の手順と留意点

①各自が事前に作品を読み込んでくる

シニアの会でもあるので、「大阿蘇」（三好達治）や「春望」（杜甫）「永訣の朝」（宮沢賢治）「われは草なり」（高見順）など、人生や生き方に深くかかわるような詩は、群読にする前に各自での読み取りと朗読練習を行い、内容を共有することを前提としてきました。

とくに「無事是貴人」は、声の強・弱、高・低、速さ、間などに気を付けて練習してくることを宿題としました。

②作品に対するそれぞれの読み取りを発表する

各自の読み取り内容を、簡単でもいいので発表し合いました。

③読み取りを共有した後、脚本化する

どんな読み取り方をしたかを聞いて、それに対して意見交換をして、その思いを共有した後、脚本にしました。

最初の四行「春・夏・秋・冬」、次の四行「人・命・生・哀」、そしてその次の四行と、最後の一行に分けました。

一連、二連はあまり技法にこだわらず、一つひとつの言葉を丁寧に表現するように構成しました。

くり返される「無事そのもの」を、どのように表現したらよいか悩みましたが、技法を使って強調することはしないで、単純に読み取ったものを心で表現するようにしてみました。三連のみ「追いかけ」を取り入れ、一連、二連との違いを出すようにしました。

✪この群読に取り組んで

例会でまず「詩」だけを提示した時、「やさしそうだけどむずかしそう」、「宮沢賢治の『雨ニモマケズ』の世界を彷彿とさせられる」などいろいろな意見が出されました。

今までも、「大阿蘇」や「永訣の朝」「われは草なり」などを練習していく中で、一人で読む朗読ではなく、群読として個人の読み取りを話し合い、共有しながら一つの群読作品として表現していくむずかしさを勉強してきました。

今回も、「ああでもない、こうでもない」と意見を出し合い試行錯誤をしながら、コミュニティセンターの「つどい」の発表会に向けて練習を重ねました。

また、会員の入れ替わりもある中で、初心に帰り「発声の基本」や「表現の技法」なども折に触れ復習していく必要性を感じています。

✤無《ぶ》事《じ》是《これ》貴《き》人《じん》

荒崎　良徳　作／海上　和子　編

【無事是貴人：この語は、臨済宗・臨済義玄禅師の言葉で、禅者の書などによく見かける禅語だそうです。】

〈読み手〉ソロ1～12
〈記　号〉「追いかけ

1　春、
2　新芽が伸び花が咲く
3　無事そのもの
1 2 3　春、新芽が伸び花が咲く、無事そのもの

4　夏、
5　濃い緑の葉が太陽に輝く、
6　無事そのもの
4 5 6　夏、濃い緑の葉が太陽に輝く、無事そのもの

7　秋、
8　紅葉し風と共に散る、
9　無事そのもの
7 8 9　秋、紅葉し風と共に散る、無事そのもの

10 冬、
11 枝々が凛として寒風に耐える、
12 無事そのもの
10 11 12 冬　枝々が凛として寒風に耐える、無事そのもの

1 人、
2 結ばれて
3 新しき命に恵まれる、
1 2 3 無事そのもの

4 命、
5 健やかに育ち
6 それぞれの生を歩む、
4 5 6 無事そのもの

7 生、
8 やがて老境に入り
9 次第に衰える、
7 8 9 無事そのもの

【原詩】

春、新芽が伸び花が咲く、無事そのもの
夏、濃い緑の葉が太陽に輝く、無事そのもの
秋、紅葉し風と共に散る、無事そのもの
冬、枝々が凛として寒風に耐える、無事そのもの
人、結ばれて新しき命に恵まれる、無事そのもの
命、健やかに育ちそれぞれの生を歩む、無事そのもの
生、やがて老境に入り次第に衰える、無事そのもの
衰、極まりて生命の灯火消ゆ、無事そのもの
すべて諸行無常の為せる自然の道程
その道程を美しき道程と見極め
こころ静かに道程に身を任せる人
かれを「貴人」と人はいう
わたしも「貴人」とよばれる人になりたい

（慧文社『花菩薩』より）

10　衰、
11　極まりて
12　生命の灯火消ゆ、
10 11 12　無事そのもの

1 2　すべて諸行無常の為せる自然の道程
3 4　すべて諸行無常の為せる自然の道
5 6　すべて諸行無常の為せる自然の道程
1〜6　すべて諸行無常の為せる自然の道程

7 8　その道程を美しき道程と見極め
9 10　その道程を美しき道程と見極め
11 12　その道程を美しき道程と見極め
7〜12　その道程を美しき道程と見極め

1　こころ静かに道程に身を任せる人
2　かれを「貴人」と人はいう
3　わたしも「貴人」とよばれる人になりたい
4〜12　わたしも「貴人」とよばれる人になりたい

沖縄の偉人・尚巴志《しょうはし》のものがたり
――地域の歴史の物語化から舞台まで

沖縄県　石田　俊輔

◎実践のねらい

沖縄の歴史で「尚巴志」という、とても大切な人物がいます。今から六〇〇年ほど前、三つに分かれていた沖縄本島を一つに統一した偉人です。日本史で言ってみれば、織田信長や豊臣秀吉といったところでしょうか。しかし、それだけ偉大な人であるにもかかわらず、彼について知らない沖縄県民は少なくありません。

　この歴史的な人物である尚巴志を、出身地の沖縄県南城市で多くの人たちに広く紹介し、あわせて、今後も彼のことを継続的に伝える仕組みを作るという、二つのねらいから「南城市尚巴志語り部育成事業」が始まりました。

　その手段として注目したのが、「朗読」でした。演劇や音楽などに比べて取り組みやすく、日常的に行うことが可能だと考えたからです。そして朗読の一つの技法として、「群読」に取り組もうと思いました。

◎実践の手順と留意点

まず演じ手を探すことから始めました。日常的に朗読をしている人材として思いついたのが、小学校で毎週ボランティアで読み聞かせをしているお母さんたちです。

　お母さんたちは毎週読む題材を探しているので、群読脚本を題材として提供すれば喜ばれるはずですし、事業を推進する側から言うと、「尚巴志」を子どもたちに読み聞かせすることでその伝承に大きな効果が得られるからです。

　今回は日常の読み聞かせとは別に、活動のフィナーレで、お母さんたちにスポットライトを浴びてもらう舞台を計画しました。具体的には物語から脚本作りまでを参加者に任せました。事業の目的が尚巴志を市民に知ってもらうことですから、脚本作りを尚巴志の学習と主体者意識醸成の場にできると考えたからです。

「尚巴志のものがたり」の全体構成は朗読劇ですが、バリエーションを与えられる「群読」を、一〇話の内、四話で取り入れました。ソロで読む部分や複数で、あるいは全員で読む部分を組み合わせて、活動の幅も広がりました。

練習の中で、群読と朗読の違いが少し見えたような気がします。朗読は個人的な作業の積み重ねになりますが、群読は発声やリズムで共同作業の要素が多いことです。

今回のグループは素人の集団ですから（演出家はプロ）、技量と経験の個人差が大きく、リズムを取ることすら難しい参加者もいました。しかし、たとえリズムが崩れたとしても、それぞれの参加者らしさが出ているという肯定的な考え方で、グループが取り組んでいました。プロが行うようなクオリティを求めるのではなく、参加者の生き方（個性）を出すことがグループの強みになると参加者は考えたのだと思います。しかも練習を重ね上手になるに従い、その個性はより魅力的なものになっていきました

こうして練習を重ねながら舞台発表の日を迎えました。

✪この群読に取り組んで

終了後、参加者同士の雑談の中では群読に関するものが多くありました。プロが演出したため、普段の生活では味わうことができない「ダメ出し」を受けたり、同胞意識が芽生えたりしたためかもしれませんが、群読は体験の共有度が高いと感じました。

また、リズムを伴ったセリフは記憶の定着において威力を発揮するようです。頭の中で群読のフレーズが繰り返し浮かんでくる、と数人もの参加者から言われました。

今後の課題は、沖縄の言葉独自の群読ができないかということです。一般に読みやすいとされる言葉は、五音（字）と七音の組み合わせが多いものですが、沖縄リズムは八音と六音の組み合わせで作られています。沖縄の方言を復興したいという動きがありますが、沖縄リズムの群読ができれば沖縄文化の継承の一翼を担えるのではと思っています。

披露会の当日、地域の小学校では学芸会が開かれましたが、今回の活動の中で生まれた「尚巴志のものがたり」が四年生の演目として披露されました。

本事業の最後を飾る披露会の日に、事業の目的が広がって動き出したことは、何か目に見えない力を感じずにはいられません。

✤ころころころころ転がって

西原由紀　原案／重水健介　作・編

〈読み手〉ソロ、アンサンブル、コーラス

〈記　号〉［追いかけ　☆弱起：わずかに遅れて読み始める。「ん」とためて読み始める感じ。

〈ノート〉六〇〇年前に三つに分かれていた沖縄を統一した尚巴志の成功譚を、一〇話に分けて創作した最終話。弱小の地域に生まれた尚巴志の出生から、沖縄の統一を果たすまでの物語を、石たちが遠巻きに見ている設定で物語が進行している。

ソロ	アンサンブル	コーラス
	ころころ ころころ こーろころ	
	ころころ ころころ こーろころ	ころころ ころころ こーろころ
むかーしむかしの話だよ	ころころ ころころ こーろころ	ころころ ころころ こーろころ
我が琉球の洞窟に	ころころ ころころ こーろころ	ころころ ころころ こーろころ
いろんな石が生きている		
石神様も住んでいて		ころころ ころころ こーろころ
不思議な話が生まれるよ		ころころ ころころ こーろころ
	ころころ ころころ こーろころ	ころころ ころころ こーろころ
☆人の世界は 大変だ	●　●　大変だ	●　●　大変だ
☆生きていくのは 大変だ	●　●　大変だ	●　●　大変だ
☆だって一人じゃ生きられない		

☆だって一人じゃ生きられない		
	☆だって一人じゃ生きられない	
		☆だって一人じゃ生きられない
僕たちみたいに転がって		
まーるくまーるく生きられない	まーるくまーるく生きられない	まーるくまーるく生きられない
まーるくまーるく生きられない		
尖った気持ちも 転がって	● ● まーるくまーるく	● ● まーるくまーるく
	ころころ ころころ こーろころ	ころころ ころころ こーろころ
小さなあの子はケラケラ笑い	ころころ ころころ こーろころ	ころころ ころころ こーろころ
賢さ強さを身につけた	ころころ ころころ こーろころ	ころころ ころころ こーろころ
	かりゆし かりゆし こーろころ	かりゆし かりゆし こーろころ
☆あれよあれよと駆け上がり	かりゆし かりゆし こーろころ	かりゆし かりゆし こーろころ
とうとうなったよ王様に	かりゆし かりゆし こーろころ	ころころ ころころ こーろころ
かりゆし かりゆし こーろころ	かりゆし かりゆし こーろころ	
	ころころ ころころ こーろころ	ころころ ころころ こーろころ
人の世界は おもしろい	● ● おもしろい	● ● おもしろい
生きていくって おもしろい	● ● おもしろい	● ● おもしろい
	☆だって何でもできるんだ	☆だって何でもできるんだ
みんなで 力を合わせれば		
みんなで 力を合わせれば	● 力を合わせれば	● 力を合わせれば
ぐんぐん ぐんぐん どこまでも	● ぐんぐん ぐんぐん	● ぐんぐん ぐんぐん

ぐんぐん ぐんぐん どこまでも		
	ぐんぐん ぐんぐん どこまでも	
		ぐんぐん ぐんぐん どこまでも
前へー前へと		
	前へー前へと	
		前へー前へと
☆前へ進んで行けるんだ	☆前へ進んで行けるんだ	☆前へ進んで行けるんだ
どこまでだって行けるんだ	どこまでだって行けるんだ	どこまでだって行けるんだ
	ぐんぐん ぐんぐん どこまでも	ころころ ころころ どこまでも
	ぐんぐん ぐんぐん どこまでも	ころころ ころころ どこまでも
	ぐんぐん ぐんぐん どこまでも	ころころ ころころ どこまでも
	ぐんぐん ぐんぐん どこまでも	ころころ ころころ どこまでも
（間、以下ゆっくりと）		
今夜の石のおしゃべりは		
そろそろおしまい こーろころ	●　● こーろころ	●　● こーろころ
今夜の続きのお話は		
また会う夜のお楽しみ	また会う夜のお楽しみ	また会う夜のお楽しみ
さあさあみなさんその日まで		
ころころ ころころ こーろころ		
ころころ ころころ こーろころ	ころころ ころころ こーろころ	ころころ ころころ こーろころ
（最後はさらにゆっくりと）		

✣あとがきにかえて――澤野郁文先生へ

澤野郁文先生は日本群読教育の会の副会長であり、当会設立時から家本芳郎先生と共に、群読の実践・研究の中心的な存在でした。

本書の編集委員でもあり、「はじめて群読に取り組む人もこの本を参考にして群読を始めることができる。そんな手引きとなる本にしよう」と本書の構想を話し合い、これから本格的な作業を始めようとした矢先の二〇一六年六月、この本の出版を見ることなく帰らぬ人となりました。

澤野先生は文化活動だけでなく、教科指導や平和教育、集団つくりと、教育のあらゆる分野にすぐれた力量を発揮した教師でした。ジャズ演奏家、映像作家としても類い希な才能を持っていました。

群読講座に使う音源をつくってほしいと頼むと、一週間程度で、ご夫妻の演奏によるＢＧＭ集を自宅スタジオで録音して送ってくれました。

弱者への気遣いを忘れない人であり、ユーモア感覚にあふれた人物でもありました。

全国研究集会閉会時の澤野流「四つの拍手」には毎回感動したものです。その後の懇親パーティーで、澤野先生がリードした「にんじんだいこんかぶら」の集団遊びも忘れることができません。

澤野先生の掲げた理想は、ともに働き学んだ教職員や教え子、地域の人々、そして私たち日本群読教育の会会員の中で、これからも語り継がれ、生き続けていくでしょう。

同時代に生きたものの証として、本書を澤野郁文先生に捧げます。

二〇一七年七月

重水　健介

執筆者一覧　　　＊＝編集委員

（表記の都県、地域名は実践を行ったところです。）

浅野享三（あさの・けいぞう）＝愛知県
石田俊輔（いしだ・しゅんすけ）＝沖縄県
海上和子（かいじょう・かずこ）＝神奈川県
片桐史裕（かたぎり・ふみひろ）＝新潟県
加藤征子（かとう・まさこ）＝東京都
木下さやか（きのした・さやか）＝神奈川県
草薙優加（くさなぎ・ゆか）＝神奈川県
栗田裕子（くりた・ゆうこ）＝新潟県
後藤ひろ子（ごとう・ひろこ）＝長崎県
＊澤野郁文（さわの・いくふみ）＝岩手県
＊澤野尚子（さわの・なおこ）＝岩手県
＊重水健介（しげみず・けんすけ）＝長崎県
杉山ますよ（すぎやま・ますよ）＝東京都
塚田直樹（つかだ・なおき）＝群馬県
露木亜沙美（つゆき・あさみ）＝神奈川県
内藤久美子（ないとう・くみこ）＝香港
中山香代（なかやま・かよ）＝大分県
長塚松美（ながつか・まつみ）＝神奈川県
西野宏明（にしの・ひろあき）＝東京都
日置敏雅（ひおき・としまさ）＝愛知県
＊伏見かおり（ふしみ・かおり）＝神奈川県
藤原淳史（ふじわら・あつし）＝台湾
細貝　駿（ほそがい・しゅん）＝東京都
村上真理（むらかみ・まり）＝静岡県
村末勇介（むらすえ・ゆうすけ）＝鹿児島県
毛利　豊（もうり・ゆたか）＝富山県
＊山口　聡（やまぐち・さとる）＝神奈川県
山中伸之（やまなか・のぶゆき）＝栃木県

日本音楽著作権協会(出)許諾第 1706935-701 号
南城市教育委員会＝承認
文中イラスト＝教師のためのイラストブック(高文研)より

日本群読教育の会

「声の文化」としての群読を研究し実践する有志の会として、故家本芳郎先生を代表に発足。年に一度の全国研究大会をはじめ、各地での群読実技講座や会員の実践記録などの出版、およびメール送信による会報を発行している。
ホームページ：http://gundoku.com
事務局メールアドレス：kysn.3974@ab.auone-net.jp

重水健介（しげみず・けんすけ）

1958 年、長崎県生まれ。日本群読教育の会事務局長。長崎県の公立中学校に数学担当として三十数年勤め、現在に至る。
編著書:『教師のための群読ハンドブック』『みんなの群読脚本集』『学級活動・行事を彩る群読』『すぐ使える群読の技法』『楽しい群読入門』『続・いつでもどこでも群読』（ともに高文研）『すぐつかえる学級担ハンドブック　中学校２年生』（たんぽぽ出版）ほか多数。

新いつでもどこでも群読

●二〇一七年 七月二〇日――――第一刷発行

編著者／日本群読教育の会＋重水健介

発行所／株式会社 高文研
東京都千代田区猿楽町二―一―八
三恵ビル（〒一〇一＝〇〇六四）
電話 03＝3295＝3415
振替 00160＝6＝18956
http://www.koubunken.co.jp

印刷・製本／シナノ印刷株式会社

★万一、乱丁・落丁があったときは、送料当方負担でお取り替えいたします。

ISBN978-4-87498-627-1　C0037